Power

権力

橋爪大三郎

Daisaburo Hashizume

岩波書店

Power
by
Daisaburo Hashizume

Iwanami Shoten, Publishers, Tokyo, Japan 2023:04

権力

はじめに

この本は、権力について考える本である。

権力は、よく使う日常語だ。それなのに、権力については考えにくい。

権力は、ブラックホールのようである。たしかにこの世界の一部なのに、正体はなんだろう、とのぞき込むことができない。


この本は、社会学のやり方で、権力のことを考える。

ただ権力は、社会学をはみ出している。だから学問の垣根にとらわれず、権力をとことん追いかけていく。どんな分野のひとでも、誰でも読める。高校生や中学生だって読めるだろう。


ではこの本は一般向けの、教養の本なのか。

教養の本は、どこかの誰かが考えたすばらしい内容を、著者がわかりやすく伝える。内容がすばらしいことは保証つきである。

この本は違う。著者が自分の頭で考えたことを、著者が伝える。これから何を考えるのか、著者にもわかっていない。出来ばえも保証しない。ぶっつけ本番である。

こういう本を、研究書という。この本は研究書である。

ただ、みかけは教養の本と似ている。そのつもりで読んでもらってかまわない。

とは言え、いままで誰も考えたことがない(かもしれない)ことが、書いてあるのがこの本。未公開株のようで、リスク満点だ。

それではどうか、お楽しみください。

目次

序

権力は、社会の根本的なテーマである。

だが、権力を正面から論じた本は少ない。権力の理論が存在しない。

本書は、この空白を埋めたい。

さあ、旅を始めよう。行く手は未踏の荒野だ。

1　権力は、存在するか

まず最初の問い。権力は存在するのか。

権力がそもそも存在しなければ、権力について考えることはできない。権力を考えようとすれば、真っ先にぶつかる問いである。

権力は、存在することになっている。社会で、現に機能している。人びとを左右しているし、社会に秩序をつくり出している。人びとはそれを当然のように考え、行動している。

そのことにつられて社会科学は、権力は存在するとして議論を組み立ててきた。

でもその根拠を考えてみると、実はあやふやだ。そこで一度、原点に立ち帰り、この問いを考えてみよう。

＊

権力はたしかに、存在する(ようにみえる)。

制度にもなっている。たとえば日本国憲法第四十一条は、《国会は、国権の最高機関であ》る、と定めている。英訳をみると《The Diet shall be the highest organ of state power》である。権力(power)が存在することは、日本国の前提なのである。

権力という言葉(名詞)があり、その意味が人びとに理解されている。人びとは、権力を行使したり、されたりする。そのことをめぐる合意がある。これが「権力が存在する」ことでなくて、なんだろう。

＊

この堅固な、「権力が存在する」という信念の隙間に割って入るにはどうしたらよいだろうか。自然科学が手がかりになる。

2　質量は、存在するか

物理学(ごく初歩式な、ニュートン力学)を思い出してみよう。

質量、時間、位置。これらが基本概念である。どれも「測定できる」量である。測定できるから、現実の世界と対応がつけられる。これをもとに、運動や速度や加速度といった概念を構成する。そして、「$f=ma$」や「万有引力の法則」を仮定し、そこからさまざまな結論を導き出す。高校の物理で学ぶ内容だ。

さてこれは、とても単純化されたモデルである。

地球と月の関係を考えよう。「質点の力学」では、地球の質量がすべて地球の中心（重心）に、月の質量がすべて月の中心（重心）に、集まっていると考える。点は、長さも幅もなくて、位置だけがある。そこにすべての質量が集まる、などということはありえないのだが、単純化のためにそう考える。すると計算が簡単になる。実際の地球と月の関係を考えるのに、十分な一次近似をうることができる。

＊

さて、質量は存在するのか。

質量とは、現実の世界を説明するための概念である。現実の世界を抽象したモデルである、と言ってもいい。

リンゴは重さがある。重さを測ると、３５０グラムである。そこでリンゴの質量は、３５０グラムだとする。月は重すぎて測れないが、それでも月の質量を考えることはできる。どんな物体にも質量がある。質量がある限りは、力学の法則に従う。ニュートン力学は、世界を、質量の集積として描き出す。

さて、質量は、現実の世界にそなわっているものなのだろうか。

現実の世界には、物体があって、重さがある。物体を持ち上げれば重さがあることは、経験でわかる。この世界の変わらない真実だ。物体も、重さも、現実の世界にそなわっているのである。

けれども、質量は重さとは違う。質量は、経験でわかるものではない。物理学者が世界をみるときに用いるモデル(メガネ)の部品である。無重力状態になれば、物体の重さはなくなる。でも質量はなくならない。質量はモデル(考えられたもの)だからである。質量はもともと、現実の世界にそなわっていたものだろうか。物理学者は、そなわっていた、と言うかもしれない。メガネをかけていることを忘れているのだ。歴史的に考えるなら、あるとき、人びとが「質量」を考えつき、「質量」で世界ができていると考えるようになったのは明らかである。それ以前、人びとは誰も、世界が質量でできているなどと考えてもいなかった。質量なしで、世界はちゃんと世界だった。

＊

まとめると、こういうことである。

物体や重さは、世界にそなわっている。人間が生き始めた最初から、社会が営まれた最初から、物体や重さはもうあった。

質量は、それと同じような意味で、世界にそなわってはいない。それはあとから、人びとが思いついた。思いついたあとでは、世界にはじめからそなわっているようにみえる。世界に質量は「存在する」と言っても、間違いだとは言えない。

では本当のところ、質量とは何なのか。それは、「仮説構成体」である。

仮説構成体とは、ものごとを説明する都合上、それが存在するものであるかのように仮定するもののこと。質量は、物理学が考えた、仮説構成体である。その説明があまりうまく行くと、仮説構成体はまるで、世界とともに存在しているかのように思えてくる。

＊

いろいろな学問が、さまざまな仮説構成体を考える。

言語学は、名詞、形容詞、動詞、…などの品詞を考える。これも仮説構成体である。

数学は、無限数列、実数、複素数、…などを考える。これも仮説構成体であるのかもしれない。…。

権力もこうした、仮説構成体ではないのか。

この問いを、つぎに掘り下げてみよう。

3 権力は、仮説構成体であるか

権力が仮説構成体であるとは、どういうことか。

ある時点まで、権力という言葉も概念もなかった。この世界は、権力なしで運行していた。ある時点で、権力という言葉と概念がうまれた。それ以降、この世界には、権力がそなわっているとみえるようになった。――こういう現象がみとめられれば、権力は、仮説構成体かもしれないと考えてみてもよい。

＊

ある時点まで、細菌という言葉も概念もなかった。この世界は、細菌なしで運行していた。ある時点で、細菌という言葉と概念がうまれた。それ以降、この世界には細菌がそなわっているとみえるようになった。殺菌や消毒などの手続きも始まった。

細菌は、仮説構成体なのだろうか。

細菌は、顕微鏡ができて、はじめてみえるようになった。科学者が発見した。それまではみえなかった。みえなかっただけで、それまでも存在していた。存在しているという点で、イヌやバナナと同じである。ならば、仮説構成体ではない。――これが、科学者の考え方である。そして、人びともそう思う。

細菌を、人びとは言葉や概念でとらえる。けれども、細菌の存在そのものは、言葉や概念と独立である。細菌の言葉や概念があろうとなかろうと、人びとは細菌に感染する。人びとは、言葉や概念の主導権によって、細菌を存在させているわけではない。こういうケースでは、細菌を仮説構成体とよぶことはできない。

*

逆のケースではどうだろう。

ある時点まで、ある人びとは、穀物には霊が宿っていると考えていた。穀物の霊という言葉や概念があった。この世界には、穀物の霊がそなわっていた。だがある時点から、人びとは、穀物には霊が宿っていると考えなくなった。穀物はただ生命のメカニズムによって、蒔けば発芽し、生育するのである。

穀物の霊は、生命のメカニズムを説明する仮説構成体なのだろうか。おそらくそうではない。穀物の霊は穀物と一体のもので、世界にそなわっていた。あとで穀物は、霊なしのただの生命のメカニズムになった。穀物の霊は、それなしでもすむ、イデオロギーか宗教のようなものとみなされるようになった。穀物の霊という言葉や観念がなくても、穀物は発芽し、生育するのである。

権力が仮説構成体である、とはどういう意味か。

物理学と比べてみる。

＊

引力が、出来事としてまずある。それを正確に考えるため、質量という仮説構成体を措いてみた。質量を組み込んだ理論を考えることで、砲弾を目標めがけて撃ったり、ロケットを発射したりできるようになった。こうした理論によって、さまざまな技術的可能性が開かれた。

統治とか支配とかが、出来事としてまずある。それを正確に考えるため、権力という仮説構成体を措いてみた。権力を組み込んだ理論を考えることで、憲法を制定したり、国民国家を構成したりできるようになった。こうした理論によって、さまざまな政治的選択の可能性が開かれた。

と、ここまでは、物理学が仮説構成体として質量を考えたのと、社会科学が仮説構成体として権力を考えたのとは、並行している。このように権力は、よりよく統治や支配を考えるための仮説構成体である、と考えることができる。

4　権力は、どういう特別な仮説構成体か

けれども、物理学のような自然科学と、社会科学とでは、大きな違いがある。

自然科学の場合、科学者(人間)と対象(自然現象)は、主観／客観として、きれいに分かれている。

科学者がどう考えようと、どういう仮説構成体をこしらえようと、対象である自然現象は、1ミリも影響を受けない。（厳密に考えると、微妙なケースもないわけではないが、ここではそう考えておく。）

それに対して、社会科学の場合、学者と対象（社会）は、自然科学の場合と違って、きれいに分離してはくれない。学者も、対象である社会の一員だからである。

＊

すると、どういうことになるのか。

ある時代に、人びとが権力のことを意識し始め、権力という言葉や概念を用いて社会を生きるようになった。ある時代に、学者が社会を考察するのに、権力を仮説構成体として描くとよいと考え、そういう議論を組み立てた。これが、同時に起こる。学者が権力を仮説構成体として描くので、人びとが権力を意識し始めるのだとも、人びとが権力を意識し始めるので、学者が権力を仮説構成体として描くのだとも、言い切れない。社会現象と、社会現象を説明する仮説構成体が、手をたずさえて出現してくるのである。

言い換えよう。権力という言葉や概念が、統治したりされたりしている当事者の人びとに理解されるようになる。そのおかげで、人びとが適切に権力を運用できるようになる。その結果、権力という仮説構成体を立てると、権力の働くようになった社会をこれまでより精密に記述し説明できるようになる。仮説構成体を立てた学者は、権力という言葉や概念を、社会を生きる人びとと共有しているのである。

＊

物理学と、どこが異なるかわかったろうか。

引力の場合、物体は、質量という言葉や概念を理解しているわけではない。科学者がなにを考えるかと無関係に、引力は、物体のあいだで働いている。

権力の場合、人びとのあいだに権力が作用するのは、権力という言葉や概念を人びとが理解しており、また、学者も理解しているからだ。つまり権力は、仮説構成体であり、同時に、権力の作用それ自体に参入するのである。権力の概念は、自然科学の仮説構成体のあり方をはみ出して、権力という出来事の一部になっている。

＊

これは、社会科学が社会を説明しようとする場合に、特にあてはまる状況である。こうした状況はたしかにあるのに、十分に注目されてこなかった。

権力という現象の正体について、正しく迫っていくために、この状況をもう少し追いかけよう。

5　人類学は、なぜ普遍性を主張できるのか

ある社会を、言葉や概念や知識が満たしている。そして学者も、言葉や概念や知識を紡ぎ出す。学者がそうしてうみだす知識と、社会を生きる人びとの知識とは、どのような関係にあるのか。そのふたつの知識は分離できるのか。分離できるとして、学者の知識はどのように優位を主張できるのか。たとえば、「正しい」「真理だ」と主張できるのか。

別なふうに言おう。ある社会を生きる人びとが手にする言葉や概念や知識は、時間的にも空間的にも制約された、特殊なあり方をしている。社会を生きる当事者の知識（人類学の言い方では「原住民の知識 local knowledge」）である。それに対して、学者は、自分の紡ぎ出す知識が、時間や空間の制約にとらわれない「普遍的な知識」であると主張する。学問は正しい、学問は真理だ、という主張だ。

＊

どうして学問は、同じ知識なのに、優位を主張できるのか。

人類学の場合はこうだ。人類学者が本国から、植民地に出かけていく。文明から切り離された「未開」社会だ。本国の優位は歴然としている。人類学者は現地に到着すると、現地の人びとと暮らし、現地の言葉を覚え、現地の社会の成り立ちを理解しようとする。そして理解した結果を、整理して書き記す。論文を書くのは、本国の言語（たとえば英語）だ。こうして、さまざまな「未開」社会の報告が、人類学雑誌に毎号掲載される。こうした活動の全体が、人類学である。

人類学は、さまざまな専門用語や概念を用いる。たとえば、親族（kinship）、リニジ（lineage）、氏族（clan）、部族（tribe）、族外婚（exogamy）、父系出自集団（patrilineal descent group）、母方交叉イトコ（matrilateral cross-cousin）、…といった具合だ。これらの言葉や概念は、どの「未開」社会にもあてはまる。現地のローカルや言葉や概念は、これらの（英語の）言葉や概念に翻訳できる。現地の人びとの言葉や概念は「原住民の知識」。それに対して、本国の人類学者の言葉や概念は、「普遍的な知識」である。

現地（植民地）の社会を生きる人びと（原住民）に対して、本国の人類学者は優位に立つ。人類学者は、現地の人びとから「それは違うと思います」と、反論されたりしない。その優位は、植民地に対して本国が（最終的には軍事力を背景に）優位に立っていることの反映である。

説明される社会と、説明する学者とは、こうして切り離されている。よって、人類学者の用いる言葉や概念は、仮説構成体として有無を言わせず機能してくれる。

6　社会科学は、普遍性を主張できるのか

人類学者は自分の社会を離れて、よその社会（現地）に出かけていく。だから、研究対象である社会と、人類学者自身の属する社会とは、分離している。

それでは、人類学者自身の属する社会を、誰が対象にするのか。人類学者は対象にしない。人類学者は、無文字社会で、歴史や文明を欠いた、「未開」社会を対象にすることになっている。

＊

学者自身の属する社会（現代社会）を対象にするのが、（人類学以外の）社会科学である。

政治学は、現代社会を政治の側面から研究する。経済学は、現代社会を経済の側面から研究する。法学は、現代社会を法の側面から研究する。……。これらの学問は、現代社会を抽象する特別の方法をもっている。抽象してしまえば、それはモデルである。現代社会そのものではない。よって学者は、現代社会の「外」に立つことができる。そして、仮説構成体をうまく用いることができる。

たとえば、経済学。経済学は、市場での財の交換に焦点をあてる。交換のなかだちをするのが貨幣である。貨幣による交換は観察でき、数量化できる。交換の主体は、企業と家計（消費者）である。

企業は、貨幣で計算した利潤を指標に行動する。消費者は、効用を指標に行動する。効用(utility)は陰伏的(covert)で、観測できない。すなわち、仮説構成体である。消費者の背後に効用という仮説構成体を措くことによって、市場の作動を分析することが容易になり、さまざまな有益な性質が導かれる。

政治学、経済学、法学、…の用いる言葉や概念は、あるものは観察可能で、操作的な定義が可能である。あるものは、仮説構成体である。それらを組み合わせてモデルを構成する。モデルは、反証可能な命題(予測)を導くことができる。そのゆえに、これら社会科学は、実証的な真理を導くのだと自負している。

＊

政治学、経済学、法学、…といった社会科学の特徴は、現代社会(のみ)を考察の対象とすることである。「未開」社会や、古代社会や、中世社会や、近世社会は考察の対象としない。

現代社会とは、近代社会のことである。国民国家や法の支配や市場経済や…といった、近代の諸制度を前提にしている。こうした諸制度は、歴史的にできあがったもので、ここ数世紀の西欧世界にしか妥当しない。時間的にも空間的に限られているのだから、普遍性を主張できないはずである。けれども、そのことは棚にあげて、社会科学はみずからが科学で普遍的な真理をのべているのだと考える傾向がある。

＊

社会学は、これに対して、近代社会以外の社会も、考察の対象とする。社会学は、あらゆる社会にあてはまる、普遍的な知識を導こうとする。そのため、近代の諸制度を前提することをしない。むしろ、近代の諸制度が成立した条件を探ろうとする。このため、社会学は大きな困難に直面することになるのだが、それはまた追ってのべよう。

7 マルクス主義は、なぜ普遍性を主張できるのか

マルクス主義は、「科学的」社会主義を称する。普遍的な真理を明らかにすると主張する。マルクス主義によれば、ふつうの社会科学（政治学、経済学、法学、…）は、「ブルジョワ科学」であって、正しくない。マルクス主義だけが正しい。（マルクス主義にも、マルクス主義の政治学、経済学、法学、…がひと揃いそろっている。ただし、社会学は存在しない。社会学はそもそもブルジョワ科学だと、レーニンが言ったからだという。）

なぜマルクス主義は正しいのか。この社会の根底には、階級闘争がある。近代社会は、経済的にいえば資本主義社会であって、資本家（ブルジョワジー）／労働者（プロレタリア）の二大階級が対立している。資本家は国家権力を握って、彼らの正しくないものの見方をふりまいている。「階級闘争など存在しない」、がその見方である。正しくない見方なので、イデオロギーという。労働者はこのイデオロギーを刷り込まれて、階級闘争に起ち上がることができない。だが、労働者階級のなかの真実に目覚めた人びとは別である。彼らは、階級意識をそなえている。その意識を磨き、「共産党」を組織し、労働者階級を指導し、目覚めさせる。まずイデオロギー闘争を行ない、政治闘争を行なう。

最終的には国家権力を握って、資本主義を打倒する。私的所有をなくして、階級闘争を終わらせ、共産主義を実現する。社会がこのような筋道をたどるのが、歴史法則である。歴史法則をきちんと認識しているから、マルクス主義は正しい。

まとめると、こうである。マルクス主義は正しい。ほかの社会科学が、階級闘争があると思わないのに、マルクス主義は階級闘争があると認めるから。階級闘争は、仮説構成体である。仮説構成体を措かなければ、それを認めることはできない。そう考えることにしたから、そう考える、よって正しい、なのである。

ブルジョワ社会科学は、階級闘争を認めないから、階級闘争を認めない、という循環の構造をもっている。マルクス主義はこれを、イデオロギーとよんだ。でも、それを言うなら、マルクス主義の、階級闘争を認めるから、階級闘争を認める、も循環である。もしもブルジョワ科学がイデオロギーであるなら、マルクス主義もイデオロギーであろう。

しかしともかく、マルクス主義は、対象である社会とは異なる特権的な外部に立って、正しいと主張する。普遍性を主張できるのは、こういう理由による。

階級闘争は、ほんとうに存在するのか。それは、共産党の政治闘争が勝利し、共産主義社会が建設できたときに証明される。でもそれは、頓挫した。よって、階級闘争(という仮説構成体)は、この世界に存在する資格がなくなった。

8　言語学は、なぜ普遍性を主張できるのか

言語学は、言語を対象にする科学的な学問である。社会科学とは言えないが、参考になる。言葉をしゃべる人びとは、文法など気にしない。ただ言葉をしゃべりたいようにしゃべっているだけだ。言葉づかいには、正しい言い方と間違った言い方がある。そのことを、言葉をしゃべっている当人は、直感的に判断できる。

言語学は、こうした現象を、文法によって説明しようとする。品詞（名詞、動詞、形容詞、…）や主語、述語、…といった概念が用いられてきた。これらは、言葉をしゃべる当事者が知っているわけではなく、言語学者が想定する、仮説構成体である。

＊

チョムスキーの生成文法は、言語学のロジックを徹底させた。

チョムスキーは、英語もフランス語もラテン語もロシア語も、アラビア語も中国語もタガログ語も…、系統の異なるさまざまな言語をすべて説明する言語理論を考える。これを普遍文法という。「普遍」というのは、人間の言語なら、残らずこの文法で説明できる、という意味である。

この文法は、書き換え規則によって、ある言語の正しい文をすべて生成し、正しくない文を一切生成しない、という性能をもつ。ゆえに、生成文法という。書き換え規則で大きな役割を果たすのは、品詞である。品詞は、言語学者が描く仮説構成体である。書き換え規則は、たとえば、こんな具合で

ある。

S　→　NP＋VP
NP　→　D＋N
VP　→　V
（NPは名詞節、Nは名詞、VPは動詞節、Vは動詞である。）

さて、チョムスキーは論文を英語で書く。学問とは、成果を言葉で書き記すことだからだ。どれかの言語を使わなければならない。言語学者が対象とする言語と、言語学者が論文を書くのに用いる言語との関係は、どうなっているのか。生成文法が普遍文法なら、言語学者が用いる英語もそれに従っているはずだ。でも普遍文法が成り立っても成り立たなくても、言語学者は英語を用いるだろう。このように、言語学の対象である言語と、言語学者の用いる言語とは、切り離されている。だから、言語学者は安心して仮説構成体を措き、それが説明力をもつからと、その普遍性を主張できるのだ。

9　権力は、普遍的な概念なのか

言語学の場合、言葉をしゃべっている人びとは、文法も、言語学者の措く仮説構成体も知らない。彼ら当事者は、言語学者の考えた文法のうみだした個々の文が正しいか正しくないかを直観的に判定するだけである。この判定が外部規準となって、文法が妥当かどうかを検証できる。言葉をしゃべる当事者たちは、文法(仮説構成体)に直接賛成したり反対したりするわけではない。

けれども社会科学の場合、このような分離が成り立たない。

現代社会を生きている人びとは、社会科学がどういう主張をしているか、知っている。それに賛成したり、反対したりする。社会科学の動向もまた、それに左右される。社会を生きている人びと(当事者)の判断が、社会科学の主張の当否を判断する外部規準にならない。

たとえば、ある学者が、権力について考察したいとする。彼/彼女は、権力という概念(仮説構成体)をたて、権力についてある仮説(命題)をたてる。これを検証しようとする。すると、そのことが、社会を生きる人びとに知られてしまい、賛成や反対の反応を引き起こす。マルクス主義は、反対する人びとを「階級の敵」として打倒し抹殺しようとした。これが成功すれば、その主張が正しかったことになるという。ふつう、こういう乱暴なやり方はとれない。それなら、議論をどのように構成すればよいのか。

権力を、普遍的な概念として確立する。

この課題に取り組んだ学者として、フーコーとフロイトのふたりをあげてみる。

10 フーコーの権力論は、どこまで普遍的か

ミシェル・フーコーは、精神医学の歴史的研究をふり出しに、近代の知の歴史的形成のさまを再構

成しようとした。そのキーワードが、考古学（archéologie）である。

ふつう歴史学は、文書記録を読解することを方法とする。それに対して考古学は、遺物を蒐集することを方法とする。よって、文字記録のない先史時代や、文字が解読できない古代文明の解明に役立つ。考古学は、文書記録が利用できないときの、やむをえない方法である。だからフーコーが、文書記録があるのに、知の「考古学」と看板を掲げたのは奇抜なことだった。

フーコーは考えた。ものを考え、文書を残すのも出来事である。文書は、記録するという出来事だから、考古学のように扱うことができる。文書を読めば、その時代を生きた人びとの意味につかまれる。文書をあえて読まないで、遺物のように扱えば、当時の知を成立させていた秩序の新しい相貌が浮かびあがるのではないか。こうしよう。言語行為のそれぞれを、言表という。言表の集まりを、言説という。言説の集まりを、集蔵庫という。点／集合／集合族、のようである。これを仔細に考察すると、言表が点列のように配置されているその配置が、ある歪みや偏りを負っているのがみつかる。人びとが自由に言葉を紡いでいるはずなのに生まれている、配置の歪み。その歪みは、視えない権力がそこに作用した証拠ではないだろうか。こうして権力を検出し、言説をその権力の効果として考察することが可能になる。

以上、知の考古学のアイデアをスケッチしてみた。抽象数学と素粒子物理学にヒントをえている。学者（フーコー）は、実証的な手つきでこの考古学の作業を進めればよく、対象である言葉の意味からも、そこに働く権力からも、切り離されている。権力についての操作的な定義と、実証の方法が手に入った。

知の考古学は、権力論として、どこが問題か。

ある時代にものを考え、言葉をうみだす人びとは、あるいは権力を操り、あるいは権力に抵抗し、思うままに生きているとしても、実は視えない権力にとらわれている。権力は人びとの意識が及ばないかたちで、その時代を満たしている。この意味で、すべては権力の効果のなかにあり、そこから逃れることはできない。

このことが普遍的に主張できるとすると、その主張はいまの時代にもあてはまるはずだ。学者(フーコー)が紡ぎ出す言葉にも、視えない権力が働いているのだ。けれども学者(フーコー)は、その権力が視えないので、それを定義することも説明することも、できないだろう。つまり、知の考古学は、すでに働きを終えて過去のものとなった権力を扱うことはできても、いま現に働いている権力については対象にできないのである。

知の考古学は、時間を使って、現に働いている権力から身をかわし、それが過去のものとなった場合には、権力を論じることができる。けれども、いま現に働いている権力をその時点でとらえることはできない。フーコーの権力論はあくまでも、歴史学の一形態なのだ。

*

11 フロイトの権力論は、どこまで普遍的か

フーコーより時代がさかのぼるが、もうひとり、フロイトの精神分析の可能性についても考えてみ

よう。

ジクムント・フロイトは無意識を発見した。無意識は、人びとの意識的な思考と行動の背後にあって、思考と行動を支配しているもの、である。意識できないから、本人は気づかない。けれども、夢や、連想や、いい間違いなどの徴候や、病的な症状などによって、学者(分析医)が患者を治療する働きかけを通じて浮かび上がってくるものである。

＊

フロイトは晩年、『幻想の未来』『人間モーセと一神教』などを著し、社会の起源について想像的な仮説をふくらませた。かつてひとりの父親が群れの女性を独占し、息子たちを抑圧していた。息子たちは共謀して父親を殺害した。そしてその事実を封印し、以後は女性を分かち合う社会を営むと約束した。「原父殺害説」である。これが深い記憶となって、人びとを支配しているのではないか。根拠のない空想だ。けれどもフロイトは、無意識を秩序づける仮説を必要としていた。それは、理性や合意や契約や…で社会を説明する「社会契約説」の虚構を暴くためのものだった。

＊

無意識の内部構造をどう想定するかで、あとの議論が違ってくる。

フロイトの影響を受けたジャック・ラカンは、幼児の発達を、鏡像段階や去勢や…などのアイデアを組み立てて再構成し、無意識のモデルをつくった。無意識の内部構造は、とりあえず検証されない仮説構成体である。ラカンの学説は、意識的な社会の表層を深く掘り下げて解釈する理論的源泉のひとつとして、ポスト構造主義の運動と結びついた。

12　権力はなぜ、自由と結びついているのか

マルクス主義も、フロイトの精神分析も、フーコーの権力論も、標的としているのは要するに、社会契約説である。社会契約説は近代の標準理論であり、政治学、経済学、法学、社会学のすみずみにまで浸みわたっている。社会契約説では権力を、すなわちこの社会の実相を、捉えられないのではないか。この直感的な疑問が、マルクス主義や精神分析やフーコーの権力論を貫いている。

社会契約説に対抗するこれらの議論は、階級闘争や無意識や言説や…などの、仮説構成体を措いている。どれも興味ぶかい議論ではある。だが、権力論として成功しなかった。なぜか。権力がこの世界の実体ではなく、解除できるものである、と彼らは言う。けれどもそう言えるのは、権力に先立つもうひとつの仮説構成体(階級闘争や無意識や言説や…)を措く限りにおいてである。そしてその仮説構成体は、権力にもまして、この世界の実体であることが疑わしいものだった。よって、近代の標準理論に置き換わることができなかった。

権力を、理論のなかに解除したければ、近代社会がなぜ権力とともにあるのか、近代社会はなぜ社会契約説を標準理論として必要とするのかについて、はっきり見通しを与えなければならない。

＊

そこで本書は、社会契約説にいったん立ち戻り、それをいちから考え直してみることにする。

社会契約説には、深い動機がある。それは、人間は自由であり、また自由であるべきであって、そ

れには権力を制御しなければならない、という信念である。そこで社会契約説は、権力を記述し、権力に言及し、権力を組織する一連の言葉や概念をそなえている。それは、近代社会を組織にするには十分だ。しかし、権力の本質を考察するはるか手前にとどまっている。

社会契約説は、自由と権力を対照させている。それは、物質と反物質のように正反対の存在でありながら、背中あわせになっていて、相手にその存在を依存している。権力を実体化すれば、自由も実体化する。社会契約説は権力を、仮説構成体として措く。すると社会には、権力が実体として存在できる。仮説構成体は、仮説構成体であることをはみ出して、社会のなかで現に権力として機能し始める。人びとはそのもとで、自由な主体として行動する。社会契約説は、社会の実態に対応していることになり、実証的な外見をもつ。けれどもその実、同一の権力の概念(仮説構成体)が、理論(社会契約説)と対象(社会)のあいだを駆けめぐっているだけなのである。

*

権力を考えたければ、自由と権力のこうした絡まりを、見極めねばならない。そして、権力を語る言葉と、権力を生きる人びとの言葉とが、不可分につながっている事実を織り込まねばならない。

社会を語る言葉と、社会を生きる人びとの言葉とが、不可分につながっている事実をどこまでも徹底して考えたのは、ヴィトゲンシュタインだった。ヴィトゲンシュタインはこのことを考え続け、最長不到距離を刻んでいる。ほかの論者は、どこまで考えたのか、ヴィトゲンシュタインをスケールにして測ることができる。だが、ヴィトゲンシュタインでさえ、すべてを考え切ったわけではない。

ヴィトゲンシュタインについては、本書の後半で多く触れることになるだろう。

第1章　権力の古典理論

近代社会の、権力の古典理論は、ホッブズの社会契約説である。

ホッブズの社会契約説をもとに、アメリカ合衆国も、フランス共和国も、そのほかの多くの近代国家も築かれた。社会契約論ぬきに、近代社会は理解できない。

ホッブズの社会契約説を、まず復習しよう。

＊

トマス・ホッブズ（Thomas Hobbes 1588–1679）は、イングランドに生まれた哲学者・思想家。宗教改革のひき起こした複雑な政治状況のなか、思索を深めた。その著『リヴァイアサン』（一六五一年）は、社会契約説を初めてまとまったかたちでのべている。そして、主権国家の正統性を論証している。

リヴァイアサンは、旧約聖書のヨブ記に登場する怪獣だ。義人のヨブは身に覚えのない苦難に見舞われ、神ヤハウェに論争を挑む。するとヤハウェが現れ、ヨブに演説する。一体なにさまのつもりだ。天地を創造するのはけっこう大変だったんだ。怪獣のリヴァイアサンを鉤でひっかけて、退治したんだぞ。そのときお前はどこにいた？

ホッブズの父は、国教会の牧師。ホッブズ本人は合理主義者で、オックスフォード大学を出たあとフランシス・ベーコンの助手をつとめた。政情不安定のためフランスに逃れ、デカルトとも交流があった。クロムウェルの清教徒革命が起こると、ホッブズの立場は微妙になった。ピューリタンの一団がアメリカに渡り、船中でメイフラワー契約を結んだのは一六二〇年。当時、社会契約の思想が一般的に広まりつつあった。

人間は平等である

ホッブズは、信仰と無関係な、世俗の論者のようにみえる。だが『リヴァイアサン』を読むと、キリスト教をしっかり踏まえていることがわかる。

『リヴァイアサン』は四部構成で、前半の第一部と第二部は、自然哲学と政治哲学。この部分が、近代社会の、権力の標準理論である。後半の第三部、第四部は、キリスト教の神学論争である。

前半の議論の骨格を取り出してみよう。

＊

最初に、人間が自由であること、そして平等に造られていることを証明する。

神は、天と地を造った。植物と動物と人間を造った。自然を造った。自然とは、「神の造ったそのまま」のこと。神のわざによる、被造物（モノ）である。自然は、被造物の集まりである。

さて、被造物のなかで、人間は特別である。思考能力を与えられ、理性を与えられ、言葉をしゃべる。そして、神と交流できる。神を信仰することもできる。神は人間を、そのように造った。

＊

人間が自由であるのはなぜか。

人間は一人ひとり、個別に神に造られた。アダムとエヴァが神に造られたように、そのあとの誰も彼も、神に造られる。親から自然に生まれるのではない。神に手造りされる。そしてめいめいが個性ある、置き換えのきかない存在である。ジョンもメアリーもエリザベスも、神の命令によって存在している。「ジョン、存在しなさい」と命じられて、ジョンはこの世界に存在した。ジョンが存在することは、神の計画だ。ジョンはこの世界で生きていく、権利と義務がある。

さて、人間は自由である。自由であるように神に造られた。人間は、神に従うことも、神に背くこともある。自由だからだ。神に背くのが、罪である。神は人間に自由を与え、人間がどうふるまうか見ているのだ。

自由である人間は、誰もが地上で生きていく。ジョンが生きるのは、ジョンの権利である。ジョンが自由で生きる権利があるからと言って、メアリーやエリザベスの自由や生きる権利がなくなるわけではない。この点で、誰でも平等である。

＊

人間には違いがある。身体のサイズや体力も違う。強い人間と弱い人間がいる。知力にも差がある。こういう違いは無視できないではないか。強い人間が弱い人間を服従させるような、秩序が生まれても不思議ないのではないか。

かりにこうした秩序が生まれるのなら、それは、「自然な権力」とでも言うべきものだろう。

ホッブズは、それを否定して言う。人間は《もっとも弱い者でも、秘かに謀略をたくらんだり、ほかの誰かと共謀したりして、もっとも強い者をも殺害できる the weakest has strength enough to kill the strongest, either by secret machination, or by confederacy with others,》(『リヴァイアサン』第一部第八章)。つまり、もっとも弱い者がもっとも強い者より優位に立つチャンスがある。よって、人間はおおよそ、平等に造られたと考えてよい。人間が平等であることの証明、終わり(QED)。

自然状態

自由で平等な人びとが、地上で生きるとどうなるか。

おのずから「自然な権力」が生まれたりしない。そうではなく「自然状態」になると、ホッブズは言う。

人びとはみな、自分の生存を最優先する。食糧も安全も、確保するのがむずかしい。奪い合いになる。誰かを押しのけて、自分だけが生き残ろうとする。不信と恐怖が人びとを支配する。その結果、《人間の一生は、孤独で、貧しく、汚らわしく、血なまぐさく、短い the life of man, solitary, poore, nasty, brutish, and short》(『リヴァイアサン』第一部第八章)。ホッブズの結論だ。

自然状態はこうして、《万人の万人に対する戦争 such a warre, as is of every man, against every man》(『リヴァイアサン』第一部第八章)になる。ここで「戦争」とは、実力によって問題を解決すること。国と国ではなく、個人と個人の争いをいう。

自然状態は、誰にとっても、好ましい状態ではない。だがこの状態は「自然」、すなわち神がつくり出した状態でもある。神が人間を、一人ひとりばらばらに造った。誰もが個性あるかけがえのない存在で、みな生きる権利がある。これを「自然権」という。神が人間に与えた権利である。神が与えた権利だから、ほかの誰か（人間）が奪うことはできない。そこで誰もが、自分の権利を主張し、生きようとする。その結果、「万人の万人に対する戦争」が帰結するのだった。——ホッブズはこのように思考実験をし、それを「自然状態」と名づけた。

日本語で「自然」というと、人為を介さず自然に（＝おのずから）そうなる、というニュアンスがある。この日本語の語感に惑わされてはならない。キリスト教神学の発想がこめられた言葉が「自然状態」なので、注意したい。

社会契約

自然状態は、自力救済の世界である。

どんな警察も、裁判も、救済のメカニズムも存在しない。誰の助けも借りず、独力で自らの利益を守り、侵害に対抗しなければならない。対抗できなければ、それまでである。どれが正義でどれが不当だ、と言えない世界だ。

ではそこで、何が起こるか。

＊

ホッブズは言う。人間は理性をそなえている。理性は、神が人間に与えた知的能力だ。人間は理性で、自然状態をつぶさに観察する。そして、誰もが自由で平等なら、自然状態が必然であることを理解する。そして、誰にとってもよくない状態だとも理解する。

ではどうする？　理性はさらにその先を考える。

もしも人びとがめいめい、与えられた自然の権利の一部を放棄し、それを持ち寄って、法人(ホッブズのたとえによれば、機械仕掛けのように動く人びとの集合体、あるいは人造人間)＝リヴァイアサンを造れば、すべての人びとの権利を守ることができないか。なぜなら、この法人は、どんな個人よりも強力で、圧倒的で、実力で秩序を維持することができるからだ。この法人は、暴力装置であって、警察と軍隊のはたらきを併せもつ。すなわち、国家である。リヴァイアサンとは、主権をもつ近代国家のことなのだ。

＊

リヴァイアサン(近代国家)は、自然のもの(神のわざ)か、人間のもの(人のわざ)か。

人間のものである。人間が理性にもとづいて、契約を結ぶ。神が人(自然人)を造ったように、契約を結んで、法人を造る。これは神のわざ(art)を真似したもの。『リヴァイアサン』の序文に、はっきり書いてあるとおりだ。

契約は、一神教では、神と人間が結ぶものである。神なしに、人間だけで結ぶことはできない。この契約によって、人びとは神の民となる。

社会契約は、これに対して、神ぬきで人びとが互いに結ぶ契約である。理性が与えられた人間は、こうした契約を結ぶことを許されている。社会契約は、神との契約(および、それにもとづく教会)と関係がない。つまり、世俗のものである。

契約は、法律でもある。社会契約は、「人びとは任意に世俗の法律をつくってよい」という意味でもある。

契約と自由

契約の性質について、もう少し確認しておこう。

契約のなかみは、合意である。

合意とは、契約を結ぼうとする人びとの「意思の一致」である。人びとは、契約を結ぼうと意思してもよいし、意思しなくてもよかった。契約を結ぶかどうかは、随意だった。自由だった。自由のないところに、契約はない。契約と自由は背中合わせのような関係である。

だが契約は、いったん結ばれると、人びとを拘束する。人びとは、契約に従う責務を負う。契約に従わないと、契約違反で、制裁を科されるだろう。

そこで契約は、自由を奪うようにみえる。

ただこの点を、誤解してはいけない。契約が人間を拘束するのは、それが自分の合意したことだから。人間は、契約に従うとき、自分の意思に従っている。自分の自由な意思に従うので、他の誰かの意思に従うのでも、有無を言わせぬ権力に従うのでもない。

社会契約説は、社会秩序から、権力を排除する仕組みである。

＊

契約は、自由にもとづく。でも契約は、自由を制限する。

なぜこういう、逆説的なことが起こるのか。

それは契約が、自分の自由（権利）の一部を手放すことだからである。誰だって、たとえ一部でも、自分の自由（権利）を手放したくない。でもそうするのは、契約によって、相手の自由（権利）の一部を制限できるからだ。相手の行動が、自分の利益にかなうように制限され、予測可能になる。自分の行動が制限されるデメリット（損失）よりも、相手の行動が制限されるメリット（利益）のほうが大きい。よって契約を結ぶのである。

たとえば、アパートの賃貸借契約。毎月、家賃を払うのは、マイナスである。でもアパートに住めて、出て行ってくださいと家主に突然言われないのは、プラスである。マイナスよりプラスが大きい。そこで、契約を結ぶ。嫌なら契約を結ばなければいい。

自由から、自由の制限が導かれる理由。それは、自分の自由が一部制限されてもかまわないと、自由意思にもとづいて同意しているからである。

契約は、必ず自由意思にもとづく。契約のあるところには、自由がある。ゆえに、契約は権力を排除する。

社会契約はここが特別

契約の本質がこのようだとして、ふつうの契約と社会契約とは、どこが異なるか。

ふつうの契約は、契約を結ぼうとする当事者（主体）がいて、契約を結ぶ。契約の前でも後でも、主体の人数は変わらない。
それに対して、社会契約は、契約を結ぶ当事者(主体)がいて、契約を結ぶ。そして、契約を結んだあと、新しい主体が登場する。社会契約は、新しい主体(法人)を造りましょう、という契約だからである。

まだある。この新しい主体は、神がそなえているのと同じ絶対的な権力(主権)を、地上で行使する。なぜなら人びとは、この絶対的な権力に従います、と契約したから。こうして生まれた新しい主体(政府)は、契約を結んだ人びとを従え、支配し始める。いったん結んだ社会契約は、簡単に解消できない。(解消できるのは、社会契約を結んだときの前提条件が覆った場合であろう。)

＊

社会契約を解消できる場合について、ホッブズはあまりのべていない。ジョン・ロックがこれを詳しくのべた。

社会契約をやめ、いまの政府を打倒してよい権利を、抵抗権(あるいは、革命権)という。抵抗権(革命権)をもつのは、社会契約を結んでいるふつうの人びと(人民)だ。人びとが、自分の権利(自然権)の一部を放棄し、法人(リヴァイアサン)を造る契約を結んだのは、残りの権利(自然権)が守られるためだった。法人(政府)は、人びとの自然権を守る義務がある。ここにいう自然権とは、生命、身体の安全、信仰の自由、私有財産権、集会結社の自由、言論の自由、表現の自由、…などである。

つまり、社会契約を結び、人びとが主権国家(政府)を造ったとしても、それは「条件つき」である。条件が満たされなければ、社会契約は解消できるのだ。

人びとは二重化する

社会契約は、法人である主権国家(政府)を造るのだった。

そうすると、ホッブズはあまり強調していないことだが、(少なくとも一部の)人びとが「二重化」する。自然人と職務とへの二重化である。

自然人とは、神に造られた身体としての人間。誰もが自然人として存在している。

さて、社会契約によって、リヴァイアサンを造った。リヴァイアサンは法人、つまり、大勢の人びとの集まりである。主権者(国王)がいて、大臣がいて、顧問官がいて、行政官がいて、司法官がいて、その下僚が大勢いて、軍人がいて、警察官がいて、…である。彼ら(公務員といおう)もまた、存在として自然人である。しかし、自然人の集まりである社会から、「超越」している。なぜなら、法人を構成するのは自然人でなく、「職務」だからだ。

＊

警察官を例にしよう。

村の駐在所に、警察官が勤務している。彼も村人の一員である。非番のときは、村人に混じって日常生活を送る。だが勤務中は、制服を着て、警察官として職務につく。たとえば、犯人を逮捕する。犯人が知人だったとしても、躊躇しない。彼は彼個人(自然人)を超え、警察官(職務)として行動する。そう期待され、実際にそう行動する。

彼は、自然人と職務とに二重化している。そして勤務中は、職務が優先する。もしも警察官が、強盗をみて怖がって逃げ出したら、警察官は務まらない。

＊

勤務中は職務が優先する。大事な点なので、もう少し考えてみよう。

軍人が戦場に向かう場合を考えてみる。

市民が徴兵されて、軍務に就いた。応召してから除隊するまでの期間は、戦闘員であって、民間人ではない。司令官の命令に従う義務がある。命令を無視すれば、軍法会議にかけられる。戦闘中に持ち場を離脱すれば、即決で上官に射殺されても文句は言えない。戦闘中に、敵に殺害されても文句は言えない。彼は、自然人（身体）として生きているのだが、自分の身体は自分のものであって自分のものでない。そして、敵軍に殺害されれば、軍人の職務は遂行できないのはもちろん、自然人（身体）である自分が死んでしまう。自然人と職務は二重化するのだが、そして職務が優先するのだが、分離はできない。

＊

抵抗権（革命権）をもっているのは、一般の人びと（人民）だった。

人民が公務員でない場合、抵抗するか否かを決めるのは、簡単だ。国家（政府）が人権を踏みにじり、社会契約の条件を破っているなら、抵抗してよい。

人民が公務員で、職務についている場合、事情はもう少し複雑である。公務員は、職務に忠実である義務がある。だがその人自身は、人民の一員でもある。抵抗権を行使する権利がある。彼が軍人であれば、叛乱する人民に銃を向けるか、それとも、向き直って指揮官に銃を向けるか、むずかしい選択を迫られる。

このように抵抗権（革命権）は、困難なアイデアである。しかし社会契約説は、このアイデアなしですまされない。契約はいちど結ばれると、ずっと効力をもつ。その契約が、人びとの当初の合意にずっと裏付けられている、と考えられるからだ。さもなければ、政府（統治権力）はただ、人びとの合意なしに、人びとを支配していることになる。

普遍的な教会は存在するか

自然状態は、「万人の万人に対する戦争」である。それを避けるには、社会契約によってリヴァイアサン（主権国家）を造ればよい。それが、『リヴァイアサン』の第一部、第二部の内容だ。

では、第三部、第四部には何が書いてあるのか。

ひと口で言えば、「普遍的な教会は存在しない」である。

「普遍的な教会」とは、耳慣れない言葉かもしれない。全人類のための唯一のキリスト教会、のことである。カトリック教会をイメージすればよい。

カトリック教会は、現にある。でも、存在すべきでない。プロテスタントの立場からはそう言える。ホッブズは、プロテスタント神学にのっとって議論を展開している。

＊

カトリック教会の言い分はこうだ。

イエス・キリストは、十二人の弟子のなかからシモン＝ペテロを選び、「お前の上に教会を建てよう」と言って、天国の鍵を渡した。（ペテロはあだ名で「岩」の意味なので、岩のうえに教会を建てる、というダジャレである。）こうしてペテロは、初代の教皇に任じられた。そのあと代々の教皇がペテロの権威を引き継ぎ、いまに至っている。

イエス・キリストは、最後の審判のとき、「この人を救いましょう」と口添えをしてくれる。これを「執りなし」という。天国の鍵は執りなしの権限のこと。それがペテロに託され、以下、代々の教皇に伝わっている。教皇は、その権限を、部下の大主教や司教に委任している。つまりカトリック教会は、「執りなし」の権限をもっている。

そうだとすると、どうなるか。

＊

統治権力(国王)は、地上の支配権をもっている。言うことを聞かないと、命を奪う。だから人びとは、言うことを聞く。

もしも普遍的な教会があって、人びとの救済を左右しているとする。教会の言うことを聞けば永遠の命が与えられる。言うことを聞かなければ、永遠の破滅が待っている。教会はひとつしかない。この教会に見放されたら、破滅するしかない。

統治権力(国王)と普遍的な教会が対立したらどうなるか。国王は言う、言うことを聞かないと命を奪うぞ。教会は言う、言うことを聞かないと永遠に破滅するぞ。地上の命がなくなっても、やがて復活して、最後の審判を受ける。それが、キリスト教の教えだ。普遍的な教会が存在するなら、国王は、人びとに絶対的な権力をふるうことができない。教会が、人びとを永遠に生かすことができるので、死刑を恐れないからである。

＊

近代の始まりかける時期に、ヨーロッパ各地で、主権国家がつぎつぎ現れた。絶対王政である。これは、宗教改革でプロテスタントがカトリック教会から分離し、普遍的な教会が壊れてしまったことの結果である。近代国家は、プロテスタントと相性がいい。

ホッブズは言う。教会があるとしても、国王の権威に従うべきだ。教会でどんな聖書を使うか、どんな教義を採用するか、国王が指導すべきだ。イングランド国教会のようなやり方を念頭に置いている。

明治初期にホッブズは、盛んに日本に紹介された。国家神道は、ホッブズをヒントにしている可能性がある。

＊

普遍的な教会があるかどうか。一七世紀にはなまなましいテーマだった。その後、国民国家が競い合う国際社会が形成された。だからもう時代遅れの話題だ、と思ってはいけない。普遍的な教会のようなものが存在すれば、主権国家は脅かされる。

その第一は、マルクス主義である。

マルクス主義を掲げる共産党(コミュニスト・インターナショナル)は、人類史を貫く歴史法則が存在すると主張する。その歴史法則を体現する革命の主体(共産党)が、『資本論』など基本文献の解釈権を独占し、唯一の前衛党として世界革命の実現をめざした。主権国家よりも上位の存在のようにふるまう。キリスト教と違うのは、神を信じない点だけで、あとは普遍的な教会そのものである。

第二は、イスラム教である。

イスラム教は、神アッラーを唯一の創造主と崇め、神の使徒ムハンマドを最後で最大の預言者と信じ、彼の伝えたクルアーンを神の言葉だと信じる。神アッラーに従う人びとの共同体ウンマは、人類大で唯一である。神の使徒の代理人(カリフ、あるいはイマーム)はただ一人で、ウンマを統治する唯一の正統な支配者である。カリフもイマームも不在となったいま、各地に立った政権を担う王は、イスラムの正統な支配者とは言えない。キリスト教の「王権神授説」の論法は、イスラム教では成り立たない。

「普遍的な教会が存在するなら、国王の絶対的な統治権は存在できない。」イスラム教の場合にも、これによく似たロジックがあてはまっている。

社会契約はフィクションである

ホッブズの『リヴァイアサン』は、説得力がある。プロテスタント流の神学と、合理的なロジックを、巧みに組み合わせているからだ。

だが、社会契約は、絵空事(フィクション)ではないかと思うひともいた。社会契約はかつて、一度だけ結ばれたという。だがそれは、いつどこでなのか。記録も残っていないし、証拠もない。そうした歴史的事実があったとは言えない。

それでよい、とホッブズは思っていたろう。社会契約は、社会のモデルである。『リヴァイアサン』

の序で、彼は国家の作動を、自動機械(オートマトン)に喩える。モデルは現実を説明できればよい。現実のとおりでなくてかまわない。ホッブズは、政治的国家のモデルを提案した、権力の理論家なのだ。

*

ホッブズは、自由な人びとがなぜ、統治権力を樹立し、その支配に従うのだろうかと考えた。統治権力が絶対的な支配権をふるうことは、人びとの自由と矛盾しない、むしろ、人びとの自由の帰結である、と結論した。画期的な主張である。

ただよく考えると、社会契約説には、さまざまな無理や不整合が隠れている。

第一に、世代の交代の問題。人びとが合意し契約した時点では、人びと全員の合意がたしかに存在した。でもそのあと、ある人びとは死に、ある人びとは新たに生まれ、世代交代が起こる。気がつけば、社会の全員が入れ替わっている。政府のほうは、ずっと存在し続けている。これは、社会契約なしのただの統治権力に、なってしまっていないか。

第二に、社会契約は条件つきか、という問題。抵抗権(革命権)を認めるかどうか、である。条件つきではなく、抵抗権(革命権)がないとすると、政府への服従は無条件になる。社会契約によって成立した統治権力であっても、専制権力と同様になる。なんのための社会契約だろうか。かと言って条件つき、すなわち抵抗権(革命権)があるとすると、統治権力は人びとに絶対の服従を要求することができない。やはり、なんのための社会契約か、になる。

第三に、社会契約はそもそも可能なのか、という問題。人びとは自然状態のもと、協力しないで、ばらばらに生きていた。悲惨な状態だった。そこで理性的に考え、社会契約を結ぶことを合意した。でも、どうやって相談したのだろう。たった一人で孤立して生きている人びとが、なぜか共通の言語をもっていた。こういう奇妙な想定をしないと、社会契約説は成り立たない。

＊

無理や不整合は、まだありそうだ。

ホッブズの描く自然状態は、ゲーム理論のいう「囚人のジレンマ」になっているとみえる。社会契約を結べばめいめいの利益になるとわかっていても、相手が信用できなくて、結局契約を結べないはずだ、とする議論もよくある。

それでも、ホッブズは、人びとに深い印象を残した。ロックやルソーが、ホッブズの議論を下敷きにして、自分の議論を組み立てているのがその証拠である。

社会学者のT・パーソンズも、ホッブズの議論に向き合った。自由な諸個人が社会を構成すると、そこに社会秩序が成立するのは、どういうメカニズムによるのか。彼はこれを「ホッブズ的秩序の問題」と名づけ、社会学理論の中心においた。そして、社会秩序が成立するメカニズムとその条件を、明らかにしようとした。あまり成功しなかったが。

＊

社会契約は、フィクションであってよい。歴史的な出来事ではない。でもだからこそ、いまの政府（統治権力）は、社会契約（人びとの合意）にもとづいているのかを、チェックする視線を向けることができる。社会契約は、現実の政府（統治権力）を照らす規範の「鏡」である。

国王を処刑する

ホッブズが『リヴァイアサン』を執筆した当時、イングランドでは国王と議会の対立が深まり、清教徒革命が進行しつつあった。皇太子チャールズ二世の家庭教師だったホッブズは、身の危険を感じてフランスに亡命。チャールズ皇太子も混乱のなかフランスに逃れている。

チャールズ一世は、イングランド、スコットランド、アイルランドの王を兼ねていた。議会に抗して兵を挙げた。当時の議会は、カルヴァン派の色合いが濃かった。最初の内こそ優勢だったが、クロムウェルらが率いる議会軍に敗れ、降伏する（第一次内戦）。そのあと巻き返しをはかり、スコットランドの軍を率いて議会軍と戦うが、またも敗れる（第二次内戦）。議会で裁判にかけられ、反逆罪で死刑になった。

＊

国王が反逆罪で死刑になった！　ふつうは、国王に背くのが反逆罪である。国王は何に反逆したのだろうか。

議会は当時、裁判所でもあった。国王はスコットランドの軍を率いて、イングランドを攻めた。これが、イングランドに対する反逆だとされた。

国王は、国家の頭ではないのか。頭である。でもその頭が、身体を離れて外国に抜け出し、外国の軍隊を率いて攻撃をしかけた。頭はなくても、手足や胴体（人民）は残っている。人民は、自らの国家を防衛する権利がある。よって国王を捕らえ、反逆罪で処刑できる。国王は主権を預かって行使しているだけで、主権は人民の手にある、という思想にもとづいている。社会契約説そのものだと言ってよい。

＊

市民が権力の主体だから、国王を処刑できる。——このロジックは、フランス革命でルイ一六世が処刑されたので、人びとの頭に刻まれている。だが、それより一世紀あまり前の一六四九年に、チャールズ一世が処刑されたことのほうが、じつは大事件だった。

メイフラワー契約との違い

自分たちの国家を社会契約説によって(再)組織しようとすると、国王と衝突する。清教徒革命の本質である。

メイフラワー契約の場合とどう違うか。

＊

メイフラワー契約で、人びとは、「国王の忠実な臣下である自分たちは…」と繰り返しのべている。決まり文句かもしれないが、本気でもある。彼らはもともとヴァージニア植民地に入植するはずで、そこは国王の統治のもとにあった。だが航路を大きく北に外れ、プリマス(いまのマサチューセッツ州)に上陸することになった。ここは無人の、無法地帯である。そこにコロニー(植民地)を築くには、人びとが契約して、統治権力を樹立しなければならない。そこで人びとは、個々に信仰をもったひとりの人間(自然人)に立ち戻り、合意してその権利を寄託して、これから樹立する権力への服従を誓った。

メイフラワー契約は、国王の統治する範囲の外で結ばれた。だから国王にとっては無害である。けれども、この方式が各植民地に及び、州に拡大し、国王の統治権と衝突するようになれば、独立戦争に発展しうる。アメリカ独立革命は、この意味で、メイフラワー契約の延長上にあると言ってよい。

社会契約と国王

伝統社会にはたいてい、王がいた。

王制には、よい点があった。

第一に、王は世襲である。王になれるのは、原則として、王の子ども(など、血統を継ぐ誰か)だけだ。無用な暴力や流血が防がれる。

第二に、人びとは、王に従うのが当然だと思っている。制度を維持するのが簡単だ。

第三に、王は現状維持を望むので、社会が安定する。将来が予測可能になる。

＊

王は、血縁にない人びとも統治する。血縁にある人びとだけを統治する酋長や族長よりも、統治する範囲が広い。そして、軍事指揮権と徴税権をもつ。その地位を、世襲によって子孫に伝える。こうした特徴をそなえた統治者を、王という。

＊

しかしやがて人びとは、自分が自由であることを自覚する。なぜ自分が、王の統治に服さなければならないのか、疑問に思う。この疑問が膨らみ、王に換わる原理となったものが、社会契約説である。

社会契約説は、王制を基礎づけることもできる。王制に反対することもできる。どのみち社会契約説は、王制と折り合わない。王制は伝統にもとづく。それに対して、社会契約説は理性にもとづく。

＊

自由を自覚し始めた市民階級を前に、王制も、理論武装して正統性を固めようとした。それが、王権神授説である。

神が地上の王に、統治権を与えた。これは、キリスト教の原則である。パウロが福音書の「ローマの信徒への手紙」13章に、記したとおりである。

カトリック教会は、ゲルマンの王たちの、王位の継承をチェックし、破門権をちらつかせて王たちを牽制した。王たちは、信仰の守護者として、統治の資格を認められた。

宗教改革のあと、王たち(の一部)はカトリック教会と絶縁した。そこで必要となったのが、王権神授説である。王は、教会と関係なしに、神から直接に統治権力を授けられたと主張する。もっともその、手続きも証拠もない。ともかく、王が統治権力を神から授与されているなら、神以外の誰も王からそれを取り上げることはできない。

こうして王権神授説は、絶対王政を基礎づけることができた。

絶対王政とは、国王がその国土のなかで主権者であり、絶対の権力をもち、法を自由に制定できる体制をいう。

社会契約説は、王権神授説と衝突した。そして、絶対王政や伝統的な王権を、つぎつぎ解体して行った。

自由と権力

社会契約説と王権神授説では、統治権力の正統化のロジックが異なっている。王権神授説は、つぎのような議論である。

（1）神が天地と人間を創造した。人間に対して絶対的な支配権をもっている。
（2）神の計画によりイエス・キリストが降誕し、犠牲となり、復活し天に昇った。
（3）イエス・キリストは世界の終わりに再臨し、人間を直接に支配する。
（4）それまでのあいだ、人間は、神の立てた王権に従うべきである。

最後（4）の「神が王権を立てた」というところが、議論のポイントだ。イエス・キリスト（つまり、神）は、教会を立てたとも信じられている。王権は、教会と別である。よって世俗のものである。また、王権はあちこちに複数ある。そして、神がどのように王権を立てたのか、具体的な説明がない（聖書に書いてない）。

＊

これに対して社会契約説は、つぎのような議論である。

（1）神が天地と人間を創造した。人間に対して絶対的な支配権をもっている。
（2）神の計画によりイエス・キリストが降誕し、犠牲となり、復活し天に昇った。
（3）イエス・キリストは世界の終わりに再臨し、人間を直接に支配する。
ここまでは、王権神授説と同じである。
（4）人間は誰もが等しく神に造られ、生存権、自由権などの自然権を与えられた。
（5）神が人間に与えた自然権を、ほかの人間が奪うことは正しくない。
（6）自然権を正しく守るため、人間は社会契約を結んで、統治権力を立てた。
（7）自然権（とりわけ自由）を否定するどんな統治権力も、正しくない。

（4）（5）は、宗教改革にともない、聖書の読み方が新しくなって生まれた考え方である。（6）は、カルヴァン派（ピューリタン）に広まった、契約が社会をつくるという考え方。旧約聖書を読み直して磨かれた。（7）は、自由についての鋭敏な感覚が、権力と対立している。

＊

王権神授説と社会契約説の違いは、王に従うか、自分に従うか、の違いである。

王の背後には、神がいる。自分の背後にも、神がいる。どちらも、神に従うという点では違いがない。けれども、王権神授説の場合には、自分と神の間に、王が挟まれている。王は、突き詰めれば、ほかの人間である。ほかの人間に従うなら、純粋に神に従うことにならないのではないか。神は自分に、神に従う自由と義務を与えた。王はいてもよいが、自分が同意し、しかも、自分の自由と両立する場合に限られる。神の名において王を排除するのが、社会契約説である。

神 ⇩ 王権 ⇩ 命令 ⇩ 人間 （自由でない） （A）

神 ⇩ （自然権） ⇩ 人間 （自由である） （B）

（A）は、王権神授説の骨格。イングランド国教会のロジックでもある。（B）は、プロテスタントの信仰の骨格。社会契約説を表すものでもある。では（A）と（B）は、両立できないものなのか。

カルヴァン派が、イングランドにも広まった。ピューリタンとよばれたのは、主にカルヴァン派の人びとである。カルヴァン派は、イングランド国教会の内部に拡がった。そして、信仰を貫くためにはイングランド国教会にとどまることはできない、と考える人びと（分離派）と、英国国教会にとどまる人びと（非分離派）と、に分かれた。

非分離派は、（A）と（B）とが両立できると考える。つまり、（A）と（B）は、両立できるとも両立できないともいちがいに決まらないのである。

＊

分離派の人びとは、（A）と（B）とは両立できないと考える。つまり、自由についてより鋭敏な感覚をもっている。彼らは、国王なしの統治形態を追い求め、それが結局はアメリカ合衆国の建国につながった。アメリカ合衆国は、（B）だけにもとづいて、統治権力を樹立する試みなのだ。

分離派と会衆派

イングランド国教会を離れた分離派の人びと(ピューリタン)は、アメリカで、会衆派(Congregational)の教会をつくった。

カルヴァン派の信仰を保つのに、国王を戴く国教会にはいられない。宗派や信条の異なる人びととはいられない。信仰を同じくする人びとだけが集まり、結束する。既存のどんな秩序とも分離して、共同で生活するから、統治のメカニズム(つまり、権力)が必要になる。

＊

自由と信仰を損なわない、統治はどのように可能なのか。

ひとつは、大昔に結ばれた社会契約の代わりに、現存の人びとの手で社会契約を新たに結び直すことである。そうすれば、人びとのあいだに合意があることは確実である。権力が存しないことも確実である。メイフラワー契約が、その最初の試みだった。そのあと同様の契約が、繰り返し結びなおされ、最終的には、アメリカ合衆国憲法となった。憲法は、統治権を樹立するために、人びとの手で結ばれる契約である。この契約によって、統治の機構が存在でき、法律が根拠づけられる。アメリカ合衆国は、世界で最初の成文憲法をもつ国となった。

＊

イングランドが成文憲法をもたないのは、この裏返しである。イングランドは、国王が統治権をもつ伝統が、徐々に議会制民主主義に移行した。さきの(A)と(B)を、両方とも認める体制である。

(A)と(B)の両方を認める書き手を想定しないと、成文憲法は書けない。(B)だけなら、われわれ人民は、…と書けばよい。いっぽう、朕は、…と書けば、(A)の原理に立脚する欽定憲法になる。イギリスはどちらでもない。よって、成文憲法は書けないのである。

＊

アメリカ合衆国憲法は、突然生まれたものではない。各地で、会衆派の人びとが組織した教会のやり方、そして、町(タウン)や州の統治のやり方を踏まえている。

会衆派は、個々の教会の独立性を重視する。上位の組織は、ただの連絡機関にすぎない(権力をもたない)。それは、人間一人ひとりが神の前に立つことを原則とするからだ。財政はガラス張りで、信徒総会に報告し承認を求める。役員は無記名の選挙で選ぶ。委員会をつくって牧師を選任し、教義も自分たちで議論して決める。会衆派の組織運営のやり方が、民主主義の基礎になり、また株式会社の運営の基礎になった。

会衆が何を決めようとも、人びとを最終的に拘束することはない。納得が行かなければいつでも教会を離れる。意見が違えば、教会は分裂する。神の前で、人の決定は相対化される。

＊

教会と統治権力の違いは、統治権力が刑法をもっていることだ。

カルヴァン派も初期は、教会が統治権力を兼ねていた。これを神聖政治という。

けれどもやがて、教会と統治権力は分離して別々のものになった。統治権力は、税を集め、刑法犯を裁いて罰する。つまり、強制的な権力をもっている。人びとは、権力を認めた。だがそこに、会衆派の組織原理を持ち込んだ。すなわち、首長をはじめ行政職員のなるべく多くを住民の選挙で選び、統治権力を代表して刑事被告人を訴追する代理人(アトーニー)も選挙で選ぶことにした。有罪／無罪も、市民が陪審員となって評決する。あらゆる権力の行使は、権力でないもの(法と、人びとの意思)から派生するように通路づける。これが、いわゆる民主主義の原理である。

法と権力

権力は、秩序の維持と統治に不可欠のものである。だから権力を排除しない。けれども権力を、あたかも劇薬でもあるかのように、細心の注意を払って取り扱う。権力に対する潔癖な距離感を保ち続ける。人びとの合意と法に裏付けられない権力を、探知して抹消しようと執念を燃やす。——これが、法の支配とか民主主義とかいわれる、近代国家のあり方の原型である。

法の裏付けがあれば、権力は作用してもよい。人びとの合意で支えられていれば、法は正当な法である。

それはよいとして、この検証の手続きは必ず実行できるのだろうか。

＊

自由の鋭敏な感覚にもとづいて、権力を警戒し、統治機構から取り除く。これは、キリスト教のプロテスタント、とりわけ会衆派が育んだ態度である。

これに対してクエーカー(フレンド協会)は、特異なプロテスタントで、権力を肯定しない。絶対平和主義で、宣誓を拒否し、公務員にならず、兵役も拒否する。公務員にならないのは、死刑を執行する立場になりうるからである。（ただし、税金は払う。）かつてはカルヴァン派から忌み嫌われ、差別迫害された。

クエーカーは、権力を警戒する自由の鋭敏な感覚をそなえているところは、カルヴァン派と同様だ。でも、信仰と両立する統治権力をみずから樹立することをなかばあきらめてしまっている。

＊

自由と法と権力を、このように配置しようとする発想は、近代的なものである。権力の概念は、こういう発想のなかで結晶したものだ。この時代になるまで、必ずしも存在しなかった。権力は、自由と法が想定する「仮説構成体」なのである。

聖書と権力

プロテスタントはなぜ、こうした鋭敏な自由の感覚と、仮説構成体としての権力の概念を手に入れたのか。

その理由は、プロテスタントが、聖書を読む人びとだからである。新約聖書でイエス・キリストの言葉にふれ、罪と復活と救済の信仰を深めた。そして旧約聖書で、神への信仰と契約と統治権力の関係について考察を深めた。西欧社会の人びとは、権力とは何かを、旧約聖書を読むことで学ぶのである。

旧約聖書は、アブラハム、モーセに率いられたイスラエルの民の歴史である。彼らは、部族制→士師（軍事カリスマ）→王制→祭司政治→議会政治→…といったさまざまな政治形態を経過した。これらは、神への信仰と統治権力を調和させようという、試みの数々である。プロテスタントの人びとは、この遠い昔の歴史を、自分たちの社会を照らすモデルの数々だと受け取った。

そこで、つぎに、目を転ずるべきなのは、旧約聖書に描かれたイスラエルの民の、権力のあり方である。

第2章　旧約聖書と権力

キリスト教の聖書は、旧約聖書、新約聖書、の二つの部分からなる。

旧約聖書は、本来ユダヤ教の聖典で、ユダヤ教ではタナハ（Tanakh）とよぶ。トーラー（モーセ五書）／ネビイーム（預言書）／ケトゥビーム（諸書）の三つの部分からなり、紀元一世紀にいまのかたちに編纂された。ヘブライ語で書かれている。キリスト教はそのタナハをそっくりそのまま、旧約聖書として採用した。

新約聖書は、キリスト教独自の文書。ギリシャ語で書いてある。

カトリック教会は、ラテン語訳（ウルガタ訳）の聖書を使っていた。一般の信徒は、聖書を読む習慣がなかった。そもそも、ラテン語も文字も読めなかった。

宗教改革をきっかけに、聖書は各国語に翻訳された。ルターのドイツ語訳が出版されたのは、一六世紀半ばのこと。イギリスでは、欽定訳（KJV＝キング・ジェームズ・ヴァージョン）が出版された。フランス語訳も出た。これらの翻訳聖書は、人びとの信仰の根拠となり、同時に、近代西欧語の出発点となった。

では、旧約聖書にはどんなことが書かれているか。人びとは旧約聖書のどこをどのように読んだのか。読者のため、その内容のあらましをのべておく。

＊

天地創造とエデンの園

神ヤハウェは、天地を創造した。人間も造った(創世記第1章)。

創世記第2章には、アダムとエヴァが登場する。神はアダムを手造りし、エヴァも手造りした。最初の人間である。二人は、神と共にいて、言葉を交わした。二人はエデンの園に置かれた。食べ物もあって、働かなくてもよかった。二人は神の言いつけに背いて、知恵の樹の実を食べたので、知恵がついた。エデンの園には生命の樹もあった。神は罰として、二人をエデンの園から追い出した。人間は、死ぬことになった。額に汗して働かないといけなくなった。女性は、出産が重くなった。

＊

エデンの園では、人間と神は正しい関係にあった。神は人間を直接に支配し、交流していた。家族はなく、政治(人間が人間を支配すること)もない。経済もない。

人間は、神に背いた。神に背くことが、罪である。アダムとエヴァは罰を受けた。その罰は、それ以後の人類にも分け持たれている。人類は、神に対して、連帯責任を負うのである。

最初の犯罪

アダムとエヴァは、エデンの園の追放されたあと、結婚し、二人の息子を生む。兄のカイン、弟のアベルである。家族ができた。

カインは土地を耕し、アベルは家畜を飼った。収穫がえられたので、神にささげた。神はアベルのささげものを喜び、カインのささげものを喜ばなかった。兄のカインは弟のアベルを恨んで、原っぱに呼び出し、アベルをナイフで刺し殺した。人類最初の殺人事件である。

神はカインに聞いた。「弟のアベルはどこにいる?」 カインは答えた。「知りません。私は弟の番人でしょうか。」 神は、地に流された弟の血が復讐を求めていると言い、カインに追放を宣告した。追放刑は、法の保護をなくすこと。見つけられ次第、誰に殺されても文句は言えない。カインは、その刑は厳しすぎると不満をのべた。神は、では額に印をつけてやろう、この者に害を加えたら、この私が七倍の復讐をしよう。

ここに書いてあること。一、殺人は罪である。二、報復は正義である。三、神は罪を裁く。ただしカインを、死刑にはしなかった。四、神はカインに保護を与え、同害報復の原則を越えた七倍の報復を約束した。神がなぜカインのささげものを喜ばなかったかは、書いてないのでわからない。

＊

このあと、アダムとエヴァはほかにも子をもうけた。ノアからアブラハムにつながる人びとは、その系統である。カインの子孫はいたとしても、ノアの洪水で死に絶えている。いまの人類は、「カインの末裔」ではない。

義人ノア

人間たちが地上で殖えた。神が久しぶりに地上をのぞいてみると、「悪がはびこっていた。」神を忘れ自分勝手にふるまうのが、悪である。神は、人間を造ったことを後悔し、洪水ですべて滅ぼしてしまうことにした。

でも念のため、もう一度よくみると、ノアだけは義人で、正しかった。義人(righteous person)とは、神の前に過ちのない人間をいう。そこでノアを助けることにし、方舟をつくるようにノアに命じた。材料や寸法も指定し、木造三階建てのビルのようなものができた。方舟には、ノアとその妻、三人の息子(セム、ハム、ヤペテ)とその妻たち、の八人が入ることを許された。家畜や獣や鳥や地を這うものも、ひとつがいずつ、方舟に入れるように命じた。入り終わると、入り口の扉を神が閉じた。

やがて雨が降りだし、四十日四十夜降り続いた。天の水を神が管理していて、雨が降るのである。もっとも高い山の頂きも水に隠れ、人間はもちろん、鼻で息をするものはすべて死に絶えた。およそ半年で水は退き、方舟は山の中腹にひっかかった。ノアが方舟を出て最初にしたことは、祭壇を築いて神を崇めることだった。神は言った。「空を見よ。虹がかかっているだろう。これは契約の印である。虹を見るたびに、私との契約を思い出すように。」

＊

地上に悪がはびこっていたが、義人もいた。人間に原罪があるとするキリスト教と違って、ユダヤ教の悪や罪は具体的な行為である。方舟は英語でアーク、大事なものをいれる木の箱である。水は死と再生の象徴である。人類は、セム系の諸族（ユダヤ人など）、ハム系の諸族（エジプト人など）、ヤペテの子孫（そのほか）の三種類に分かれる。ノアは義人だが、方舟に入ったほかの七人は義人だと書いてない。ノアは祭壇を築き、儀式を行なっている。族長が神を崇める儀式を行なったのが、信仰の始まりだという観念がみてとれる。神が言い出して、人間と最初の契約を結んだ。ノアの契約である。神は人間と契約を結ぶものなのである。

アブラハムを選ぶ

洪水のあと、人びとは都市を造った。アブラハムはメソポタミアの都市ウルの近くにいた。神はアブラハムに呼びかけた。「一族を連れ、約束の地に向かえ。一族の繁栄を約束しよう。」約束の地はカナン（いまのパレスチナ）である。アブラハムは妻のサラ、甥のロト、ほか一族と家畜を連れて旅立った。カナンの地で家畜が殖え、アブラハムは山側に、ロトは低地に住んだ。

アブラハムの一族は、神に選ばれて、神の民となった。

低地にあるソドムとゴモラは罪深い町だった。神は硫黄の雨を降らせ、町を滅ぼした。ロトは町を脱出した。

＊

アブラハムと妻のサラは高齢で子がなかった。妻サラの勧めでアブラハムは仕え女ハガルの床に入り、息子イシマエルをもうけた。ハガルは態度が大きくなった。サラは神の使いの預言どおり、息子イサクをもうけた。アブラハムとサラは、ハガルとイシマエルを追い出した。イシマエルの子孫は砂漠でアラビア人となった。

＊

神はアブラハムに命じた。「イサクを犠牲に献げなさい。」一人息子を犠牲にしたのでは、一族は繁栄できない。でもアブラハムは命令に従って、モリヤの丘に向かった。いまのエルサレムである。いままさに手を下そうとするそのとき、神の使いがそれを止め、代わりの羊を献げるよう命じた。神はアブラハムの信仰を試したのである。神はアブラハムの信仰をよしとした。

神は、人間を殺すことを命じることがある。

神は、不合理な命令を下すことがある。

神は人間を試してよい。だが、人間は神を試してはならない。

ヤコブの家

イサクは、二人の息子をもうけた。兄のエサウ、弟のヤコブである。ヤコブは臨終の床にある父イサクを騙して兄エサウだと偽り、祝福を受け、長子権を奪った。そこで兄に恨まれ、母方の叔父のもとに逃れ、そこで妻をめとった。やがてヤコブは故郷に戻り、兄と和解した。

ヤコブはある夜、神の使いと夜通しレスリングをしたので、イスラエル（神と争う者）というアダ名をつけられた。

ヤコブには、四人の妻と十二人の息子がいた。

息子のひとりヨセフは、父ヤコブに可愛がられたので、兄弟たちはヨセフを妬み、エジプトに向かう隊商に売り飛ばした。父のヤコブには、猛獣に襲われて死にました、と嘘の報告をした。ヨセフは奴隷となってエジプトで苦労したが、夢判断ができたので機会をつかみ、ファラオのもとで大臣になった。

＊

やがて飢饉が襲った。ヨセフは夢判断に従い穀物を備蓄したので、エジプトは飢饉をしのいだ。カナンの地から、食糧を求めて、ヨセフの兄弟たちがやってきた。ヨセフは兄弟たちを歓待し、父も呼び寄せた。一族はエジプトで暮らすことになった。

アブラハムの子孫は、ヤコブの十二人の息子らの子孫である。これを「ヤコブの家」といい、「イスラエルの民」「イスラエル十二部族」などともよぶ。ヤコブの別名がイスラエルだからである。

預言者モーセ

イスラエルの民はエジプトで数百年を過ごすうちに、人数が増えた。そして奴隷の身分になっていた。建設労働者として、日干し煉瓦づくりをさせられた。

モーセはレビ族の家庭に生まれた。生後すぐ河に流され、王女に拾われて、王宮で育った。青年となったモーセは、イスラエルの民が虐待されるのに怒り、監督を殴り殺した。砂漠に逃れ、羊飼いのイエトロにかくまわれ、娘のツィポラと結婚した。ある日山にのぼるとヤハウェがいて、イスラエルの民をエジプトから導き出しなさい、と命じられた。モーセは兄のアロンと共に王ファラオのもとに出向き、民の解放を求めたが、許されない。モーセは数々の奇蹟を起こしてファラオに迫り、ついに出発を許された。

六〇万人の民がエジプトを出発した。ファラオは気が変わり、追手の戦車隊を差し向けた。前方は海、背後から追手が迫った。万事休す。そのときモーセが杖をあげると、海が割れ、民は逃れた。そのあと海が閉じ、追手の軍勢は溺れて死んだ。

＊

モーセは、預言者であり、指導者であり、指揮官である。統治者として、民を導いた。裁判も行なった。妻の父のイェトロはその様子をみて、モーセに助言した。信頼できる人びとを選んで、代わりに裁判をさせなさい。あなたは忙しすぎる。

モーセは、反抗を企てる者たちを、剣で滅ぼすように命じてもいる。

モーセは、後継者に、ヨシュアを指名した。ヨシュアは軍事指揮官として有能な若者だった。

＊

モーセによるとされる書物は五冊あり、モーセ五書とよばれる。旧約聖書の冒頭に置かれている。ただし、その成立はそう古くない。モーセが実在の歴史的人物であるかも疑わしい。まず何人も預言者が現れて、イスラエルの人びとのあいだにヤハウェ信仰が定着したあと、後代に理想の預言者として造形されたフィクションであるかもしれない。

とはいえ、預言者と政治家と軍事指揮官と裁判官を兼ねるモーセという存在をイメージできたことは、一神教の確立にとって決定的に重要だった。ちなみにイスラム教のムハンマドは、預言者と政治家と軍事指揮官と裁判官を兼ね備えている点で、モーセとぴったり重なっている。

モーセもムハンマドも、理想の指導者であっても、王ではない。王制のもとにある人びとが、王を批判的にみる根拠を与えている。

十二部族が定住する

約束の地カナンには、モアブ人、エブス人などの先住民がいた。イスラエルの民は、ヨシュアに率いられ、軍事力を背景に部族単位で定住していった。十一の部族それぞれに土地が割り当てられた。レビ族だけは神に仕える役目なので土地は割り当てられなかった。軍事行動は、部族が単位だった。部族連合である。軍事行動に加わらない部族には、ほかの部族から武力制裁が加えられた。

この時期、イスラエルの民は部族制だった。族長が部族を統治し、軍事指揮権ももっていた。マックス・ヴェーバーの『古代ユダヤ教』の紹介する説によれば、十二部族は由来の知れない集団が神ヤハウェをかついで結成した祭司同盟で、政治的な連合体だ。その架空の共通祖先がヤコブであり、それぞれの集団の父祖がみな、ヤコブの息子だとされた。よってこの連合体は、「ヤコブの家」なのである。この説によれば、アブラハムやイサクの話は、あとから付加されたものである。

この時期、部族の族長たちは、統治権、軍事指揮権、祭祀権をもっていた。族長を上回る統治権力は存在しなかった。

士師の時代

部族の連合軍は、農民の寄せ集めの軍隊である。先住民や周辺民族には王がいて、統率がとれている。戦えば、彼らに圧倒される。

そこで、イスラエルの民のあいだから、士師(judge)とよばれる人びとが現れた。カリスマ的な軍事リーダーである。ふだんは裁判のような務めを果たし、戦争になると臨時の指揮官になる。士師のもと、部族がまとまって、敵と戦った。

女性も士師となることができた。デボラはカナンの王ヤビンと戦って勝利した。

士師は、王ではない。税をとらないし、自分の手勢もいないし、統治権もない。士師の指揮権は、士師個人の能力(カリスマ)にもとづく。人びとが士師を信任しないと、務まらない。不安定な役目である。

＊

イスラエルの民の前に立ちはだかったのは、ペリシテ人である。ペリシテ人は海岸沿いに住んでいて、体格が大きく、鉄製の武器を用いた。そして、王がいた。

自分たちにも、王が必要ではないか。さもなければ、戦争に勝てない。こう考える人びとがイスラエルの民のあいだに増えて行った。

預言者サムエルとサウル王

そのころ「預言者」といわれる人びとが、集団で生活していた。サムエルがそのリーダーだ。

王が必要だ、という人びとの声が高まると、サムエルは候補者を物色し、サウルに目をつけた。十二部族のなかではいちばん弱小の、ベニヤミン族の若者である。サムエルは、サウルに油を注いで、王に任命した。

サウル王は、神経質で怒りっぽかった。部族間の力学に、神経をすり減らしたのかもしれない。ふさぎこむと、部下のダビデが歌と竪琴でなぐさめた。ダビデは人望があった。やがてサウル王はダビデを警戒し、命を狙うようになった。ダビデは王宮を逃れて、なんとペリシテ人の部隊に加わった。そして、ペリシテ人の武器や戦法を学んだという。

＊

サウル王と息子のヨナタンは、ペリシテ人と戦って戦死した。ヨナタンは、ダビデの親友である。ダビデは、二人を悼む詩をつくった。

ダビデ王

ダビデは、十二部族のなかでいちばん強力な、ユダ族の出身である。ユダ族は、エルサレムの一帯を地盤としていた。サムエルは、つぎの王はダビデがふさわしいと決め、ダビデに油を注いだ。

ダビデ王は、ユダ族の族長らと契約を結び、王の地位を確認させた。また、ほかの部族の族長らとも契約を結び、王の地位を確認させた。ダビデはこうして、契約にもとづいて王となったので、「正統な王」の代名詞となっている。

ダビデ王は、政治基盤が強力で、戦争でも勝利をおさめ、領土を拡大した。

ダビデは、それまでシロに置いてあったヤハウェの「契約の箱」を、エルサレムに運びこんだ。そして、族長たちがあちこちに祭壇をもうけてヤハウェを崇めるやり方をやめさせて、祭祀権をエルサレムに集中した。

預言者サムエルは、王制のよい点とよくない点が、よくわかっていた。よい点は、民族の団結が強まり、戦争するのに有利であること。よくない点は、税をとられ、若者は兵隊にとられ、みなが王の気まぐれにふり回されること。王には王の個別利害があるのだ。王の利害と人びとの利害が矛盾すると、人びとの不満が高まる。

いちばん困るのは、王がヤハウェの言いつけに従わない場合。そんな場合、神は預言者を送って王を叱りつける。それでも従わない場合、やがて王朝が滅ぼされる。

ヤハウェはダビデ王を気に入って、祝福を与えた。ダビデの系統は長く続き、そこから多くの王が現れるだろう。これは、ダビデ契約とよばれる。

＊

王子の叛乱

ダビデ王の王子アブサロムは、《戦車と馬、ならびに五十人の護衛兵を自分のために整え》(サムエル記下15章1節)て、エルサレムで存在を誇示した。そのあと、ヘブロンで兵を挙げ、エルサレムに攻め上った。ダビデ王はあわてて王宮を脱出したが、追って来たアブサロムが命を落としたので、王宮に戻った。

アブサロムの次に生まれた王子アドニヤは《思い上がって、「わたしが王になる」と言い、戦車と馬と五十人の護衛兵をそろえた。》(列王記上1章5節)　そして、有力者や王子たちを集めて祝宴を開いた。ダビデ王はそれを聞き、ソロモンを王とすると決めた。祭司ツァドクがソロモンに油を注いで、王とした。祝宴に集まっていた人びとは、「ソロモン王、万歳」の声を聞き、恐れて散り散りに逃げ去った。

＊

「戦車と馬と五十人の護衛兵」は、王の馬揃えなのだろう。デモンストレーションの効果がある。王となる野心のある者は、しばしば、配下の武装集団を率いて通りを闊歩するなどし、勢力を誇示した。

ソロモン王

ソロモン王はダビデ王の子である。人びとを裁く知恵を下さい、と神ヤハウェに願ったので、「ソロモンの知恵」を授かったという。王が裁判を担当していたことがわかる。

ソロモン王は、エジプトから高価な戦車や軍馬を輸入し、エジプト人の妻も迎えた。戦争を繰り返し、領土をさらに拡張した。エチオピアからシバの女王が訪れるなど、威信も高まった。そのいっぽう、出費がかさみ、人びとの税や負担はとても重くなった。人びと（とくにユダ族以外の部族）の不満が高まった。

ソロモン王が亡くなると、北方の諸部族は叛旗をひるがえし、独立した。北のイスラエル王国と南のユダ王国が、分立することになった。

王たちの罪

王国が分裂したあとの混乱は、旧約聖書の列王記や歴代誌に詳しく記されている。

北王国では、つぎつぎ王朝が交代した。

ほとんどの王が、神ヤハウェに背いた。偶像崇拝が、いちばんの罪である。バアル神を信仰する者もいた。すると預言者が現れて、王を批判する。預言者エリヤは、とくに厳しく偶像崇拝を非難した。神も怒ったので、つぎつぎに王朝が交代し、最後にはとうとう王国そのものがアッシリアに滅ぼされて滅亡してしまった。

南王国は、王朝こそ交代しなかったものの、やはり情勢は混沌としていた。バビロニアの侵攻が迫っていた。ヨシヤ王は神殿から申命記（モーセが結んだ神との契約）を見つけ出し、神ヤハウェとの契約に立ち戻ろうと訴えたが、戦死してしまった。そのあと南王国は敗れ、主だった人びとはバビロンに捕囚された。

エルサレムへの帰還

エルサレムの神殿は破壊され、神に犠牲を献げる儀式もできなくなった。それでも信仰を保つにはどうしたらよいか。聖典を読むこと、そして、預言者を中心に結束を固めることだ。およそ六〇年間の忍耐をへて、人びとは捕囚から解放された。ペルシャ王クロスが攻めてきて、バビロニアを滅ぼしたからである。クロスは、神ヤハウェの遣わしたメシア（救い主）だと信じられた。

人びとは、荒れ果てた故郷に帰還した。人びとを指導し復興を進めたのは、エズラ、ネヘミヤらの預言者である。王制でもなく、部族制でもない。神ヤハウェを中心とする、新しい社会の建設が始まった。

最高法院と王

そのあとも、イスラエルの民の苦難は続いた。アレキサンダー大王の侵攻もあった、ローマの侵攻もあった。外来のヘレニズムの文化や宗教の影響にさらされた。

イスラエルの人びとは、サンヘドリン（最高法院）を組織した。祭司（サドカイ派）や法学者（パリサイ派）の集まる合議機関である。この時期、イスラエルの民は議会制のもとにあった。

サドカイ派の人びとは、神殿で神に犠牲を献げる儀式を重視した。パリサイ派の人びとは、神殿の儀式よりも、モーセの律法に厳格に従うことが大事だとした。モーセの律法にもとづいて社会を再組織するため、村々にシナゴーグ（会堂）を建てた。集会所・兼・学校である。信仰と律法によって社会秩序を基礎づける、という一神教の骨格が整えられた。

これと別に、王も存在した。王権は必ずしも、ヤハウェ信仰にもとづかない。たとえばヘロデ大王は異民族の王で、ローマの支持によって政権を維持していた。

ナザレのイエス

イエスは、ユダヤ教（おそらくパリサイ派）の教育を受け、三〇歳近くで村を出て、信仰の道を歩んだ。まず洗礼者ヨハネのグループに加わり、そのあと弟子を連れ、預言者のように活動した。

イエスの思想は徹底していて、モーセの律法を突き抜け、サドカイ派やパリサイ派の常識を揺るがすものだった。イエスはやがて、当局に目をつけられ、死を覚悟した。神ヤハウェの教えのゆえに死ぬことは、意味ある運命だと引き受けた。人間がつくる秩序の向こう側に、神の意思が実現する秩序（神の王国）があると確信した。

その信念に殉じ、イエスは犠牲となった。

キリスト教の始まり

葬られたイエスは三日目に復活し、弟子たちに現れ、天に昇った。このイエスが、救い主（メシア＝キリスト）であり、神の子である。――このように信じる信仰が、イエスの死後に現れた。キリスト教である。パウロがその信仰の骨格を整えた。

＊

キリスト教は、旧約聖書の伝える政治的伝統を受け継いでいる。

第一に、唯一の神ヤハウェを信じる人びとのあいだに、決まった政治制度はない。部族の族長が統治するのでも、カリスマ的軍事リーダーが統治するのでも、王制でも、預言者が統治するのでも、祭司が統治するのでも、議会が統治するのでも、かまわない。

どんな政治制度でもよいのなら、どんな政治制度でも批判できることになる。

キリスト教は、イエス・キリストの再臨と神の王国の到来を待ち望む。「神の王国」は神が直接に人びとを統治する、理想の状態である。それにひきかえ、人間が人間を統治する政治は、不完全なものにすぎない。政治制度は暫定的なもので、究極のところ、正当化できない。キリスト教は「人の人に対する支配」を受け入れるのだが、「条件つき」なのである。

人間は、一人ひとりが神につながり、神の支配に服している。これがキリスト教に特有の、自由の根源である。ユダヤ教も人間が神につながるが、モーセの律法をそのあいだに挟む。キリスト教は、モーセの律法をそのあいだに挟まない。そこで、神と人間のあいだに隙間（自由度）ができる。ここに、キリスト教に特有の自由が宿る。

自由と権力の古典理論

この自由は長い間、目立たなかった。その隙間を、王や教会が埋めていたからだ。王は伝統的に、人びとを統治する。文句あるか、と王は王のままだった。教会は伝統的に、人びとを指導する。文句あるか、と教会は教会のままだった。聖書には、王も祭司もいる。ならばこれでいいではないか。人びとは自分が自由だと自覚しにくい。

神と人間のあいだを埋めていた、教会が除かれ、王も除かれた。宗教改革と市民革命である。それをきっかけに、人びとは自由を強く自覚するようになった。そこで人びとは、この自由を、どういう政治制度に結びつければよいのか、という課題を手にした。

＊

政治制度をつくるには、政治哲学が必要だ。政治哲学は、自由と権力について定義し、その関係を考え、権力の理論を組み立てなければならない。

その最初の重要な試みが、ホッブズの『リヴァイアサン』だった。ホッブズの社会契約説は、自由と権力についての、ニュートン力学にもあたる古典理論である。

ホッブズの時代には、主権国家も市民社会も、まだ出来かけだった。ホッブズは時代に先駆けて、権力を論ずる枠組み（フレーム）をこしらえた。彼の議論は、権力の制度をつくりだす道筋を人びとに示唆した。同時に、解決のつかない難問もうみだした。

*

いま、それから数世紀を経て、さまざまな社会科学が出揃った。現代思想もあれこれの議論をふりまいている。けれどもそれらは、ホッブズの手の平でぐるぐる回っているだけではないか。民主主義と資本主義の組み合わせが、近代だ。これは、正しくてよいものなのか。それとも、間違ったよくないものなのか。煮え切らない、割り切れない返事しか聞こえてこない。

とりわけこの混迷は、権力を論じるときに、はっきりする。次章では、これまで権力について人びとがどのように語ってきたか、その全体像をスケッチしてみよう。

ユダヤ教・キリスト教の歴史

その前に、この章でやや丁寧に、ユダヤ教・キリスト教の政治権力の歴史をおさらいした理由について、確認しておこう。

それは、ホッブズも、それ以外の論者も、ユダヤ教・キリスト教の歴史を、当然のように前提にしているからである。それ以外の論者とはたとえば、グロチウスである。スピノザである。ロックである。ルソーである。カントである。ヘーゲルである。マルクスである。ニーチェである。ヴェーバーである。フロイトである。ハンナ・アーレントである。パーソンズである。フーコーである。それ以外の多くの論者である。

日本人で、彼らの著書を読むひとは多い。しかし日本人で、彼らが当然のように前提しているユダヤ教・キリスト教の歴史を、頭に入れているひとはそれほど多くない。

すると、正確に読んでいるつもりでも、誤差が生ずる。

どういう誤差か。

キリスト教系の政治哲学

聖書を読むと、王権に対する不信がわく。

国王は、どうしても信用ならない、という感覚が生まれる。

この不信、この感覚が、キリスト教系の政治哲学の根底に流れている。

＊

なぜ、王権に対する不信がわくのか。

理由その1。神が絶対で、すべてのものを超越する。人間は、神に従うべきである。

それなら、人間は国王に従うべきでない。国王に従うとしたら、神が国王に従えと命じた場合に限られる。そもそも国王自身が、神に従うべきである。人びとが国王に従うのは、条件つきである。

無条件で王に従え、と言っているのは、パウロだけである(ローマ書13章)。

理由その2。旧約の歴史のなかで、国王が統治する王制は、ごく一部である。最初は族長が統治し、預言者が統治し、士師が統治し、国王が統治し、祭司が統治し、議会が統治した。王制は、数ある政治制度のなかのひとつ。選択の対象である。王制でなくてもよいのだから、王制は相対化される。

理由その3。王はしばしば、神に背く。ダビデ王はしばしば、神に背いた。その都度、心から反省した。ソロモン王にも問題があった。列王記を読むと、神に背くダメな王のオンパレードである。王は、神に批判され預言者に批判され、祭司に批判され律法学者に批判され、イエスに批判される。聖書を読んでいると、いやでも国王に不信がつのる仕組みになっている。

理由その4。王はもともと、異教の制度だった。エジプトに王(ファラオ)がいた。イスラエルの民を抑圧した。ペリシテ人にも王がいた。イスラエルの民に敵対した。自分たちも王を置くことにしたのは、戦争に負けないためのやむをえない措置だった。王は、一神教に本来なくてもよいものである。

＊

国王は、人間である。国王の権力は、人間の権力である。人間の権力は、やがて消えてなくなる。時が来れば「神の王国」が実現するからである。神の王国とは、神の権力のこと。神が直接に人間を統治するので、人間の権力は消滅する。

マルクス主義も、やがて時がくれば権力は消滅する、と説いた。キリスト教に右にならえのアイデアである。

権力論はローカルなのか

ヨーロッパの政治哲学は、反権力の脈々とした系譜がある。なぜ、反権力なのか。それは、ユダヤ教・キリスト教を踏まえた、キリスト教系の政治哲学だからだ。

これまで権力を論じてきたのは、ほとんどが、ヨーロッパの政治哲学だった。この議論は、ユダヤ教・キリスト教というローカルなルーツから発している。でも、その概念や理論構成は普遍的で、人間社会のすべてにあてはまると自負している。

＊

これまで語られてきた権力論は、ローカルなのか、それとも普遍的なのか。もしもこれまでの権力論がローカルなのだとしたら、それを越え出る道はあるのか。

本書は、この疑問に答えることも、目標としよう。

第3章
権力の諸理論

権力の諸理論とは、政治学、社会学などが権力について論じる、さまざまな議論のことである。議論のなかみは、この社会を生きるふつうの人びとの、権力についての常識をなぞったものになりがちだ。どうしてか。

常識をなぞる

われわれの生きる社会は、近代社会である。

近代社会とは、簡単に言えば、国民国家（ネイション・ステイト）のことである。この社会は、数百年前にできあがった。

近代社会では、政治、経済、法律、…が別々に動いている。政治は政治で、経済は経済で、法律は法律で、…完結する。

この秩序を支えているのが、主権である。人びとは、国民（ネイション）という団体をつくる。政府が国民を統治する。政府がこうと決めたことは覆されないから、決めたとおりに実現する。すなわち国民国家は、主権をそなえている。この仕組みのもと、政治と経済と法律と…は、機能を分担している。社会はその結果、見通しがよくなっている。

＊

そこで人びとは思う。政治は政治で、経済は経済で、法律は法律で、…自律的に動いている。実際それらは、自律的に動いている。そうなるまでに、長い道のりのすったもんだがあったわけだが、国民国家が成立してしまえば、あとは自律的に動き始める。

自律的に動いているのは、当たり前にみえる。自律的だから、自律的である。常識をなぞるとは、こう考えてすませることだ。ほんとうはその背後に、自律的な動きを支えているさまざまな条件がある。

3・1　近代社会と権力

貨幣と権力

経済の自律性を考えてみる。

経済が自律的に動いていることの象徴が、貨幣である。

経済が自律的に動いているから、貨幣が貨幣として機能する。のではあるが、貨幣があるから経済が自律的に動いている、ともみえる。

貨幣の正体はなにか。

常識人でも、落ち着いて考えてみればわかる。貨幣は、ただの紙切れである(金本位制はとっくにやめになった)。貨幣が貨幣であることの根拠は、人びとが貨幣を貨幣だと思っていること、であって、そのことにしかない。貨幣は、自律的に動いている経済のなかで像を結ぶ、蜃気楼のようなものだ。でも、そのなかに身を置くと、たしかに貨幣はありありと実在する。哲学者はこれを、「現実であって仮象」と言うかもしれない。

＊

権力を、貨幣のアナロジー(類推)でとらえられるか。

政治が自律的に動いている。政治の本質は、「おおぜいの人びと(国民)の全体を拘束することを決めること」、である。政府があって、人びとを統治する。立法機関が法律をつくり、司法機関が法律にもとづいて裁判を行ない、行政機関が法律にもとづいて統治を行なう。それぞれの機関が権限をもち、その決定は人びとを拘束する。互いの機関をも拘束する。決定↓拘束、をつなぐのが権力である。決定のとおりにものごとを実現する「力」だからだ。

政府のさまざまな機関は、権限をもっている。どういう権限があるかは、法律に書いてある。人びとは、権限がある機関の決定に従う。それ以外の事情に左右されない。政治が自律的に動く、とはこういうことだ。

このように、政府と人びとのあいだを、権力が満たしているのではないか。政治が自律的に動くから権力が機能するのであるが、権力が機能するから政治が自律的に動くようにみえるのでもある。権力はたしかにそこにあって、機能していると考えたほうがわかりやすい。ならば権力は、貨幣のように「現実であって仮象」であろう。

メディアと交換

社会学者のタルコット・パーソンズ（Talcott Parsons 1902–1979）は、社会はシステムであって、いくつかの部分システム（サブシステム）からなる、と考えた。部分システムは自律的に動いている。政治や経済や…を念頭に置いている。

政治や経済や…がそれぞれ自律的に動いている、というのは、近代社会を生きる人びとの常識である。日常の実感でもある。パーソンズはそれに、社会学の表現を与えた。

パーソンズによると、それぞれの部分システムには、メディア（媒体）がそなわっている。政治には権力。経済には貨幣。家族には愛、…という具合に。そして、それぞれの部分システムは、その境界で、活動を交換しあう。出力（アウトプット）／入力（インプット）の交換である。当時、システム論が流行し始めていた。その用語と概念を、社会にあてはめてみました、になっている。

＊

近代社会で、政治や経済や法や…がいちおう自律的に動いているとして、その相互関係はどうなっているのか。これは確かに、考えておくべき問題だ。

市場の前提

そこで、政治と経済の関係を考えてみよう。

経済は、市場経済(資本主義経済)である。そこには、経済のことしか考えないビジネスパーソンがいて、活動している。経済のことだけ考えていればやって行けるのが、経済が自律的に動く、ということだ。

市場の根本原則は「契約の自由」である。誰と誰がどんな契約を交わしてもいい。契約は自由意思にもとづいて結ばれる。結びたくない契約は、結ばなくてよい。だから市場には、権力が働かない。政治と分離している。

契約はまず、売買契約である。貨幣が売買のなかだちをする。請負い契約もある。業務委託契約もある。雇用契約もある。時間を決め、これこれの労働をすると約束する。こうした契約を組み合わせて、人びとは企業(法人)を組織し、経済活動を行なう。

＊

契約は、守られない場合がある。不法行為である。その結果、損害が生じれば、その補償を求める民事訴訟を起こせる。また、人びとの所有権が守られない場合がある。犯罪行為である。警察が犯人を逮捕し、検事が刑事訴訟を起こして罪に問う。被害者は別に、犯人に補償を求める、民事訴訟を起こすこともできる。

法は、前提として、市場に与えられている。法は、立法機関が制定する。その法を適用するのは、裁判所である。市場の利害と無関係の政府機関が、こうしたサーヴィスを提供する。警察も、政府が提供する公的サーヴィスである。

法が法として効力をもつのは、政府が実力でそれを担保しているからである。裁判所は強制力を行使できる。政府は、警察と軍隊をもっている。これに対抗できる個人や組織は存在しない。法が効力をもつことを、政府が担保している。

このような前提が整えられているから、人びとはビジネスに集中できる。ビジネスに集中できるから、経済は自律的に動いている、と実感する。

以上が、自由主義の市場経済の簡単なスケッチだ。

＊

政治や法と経済の関係をもっと詳しく見ていくと、考えなければならないことがまだいろいろあることがわかる。

政府は、法人税や所得税や消費税などの名目で、課税する。政府は、関税をかけて、貿易を管理しようとする。政府(中央銀行)は利率を通じて、市場に介入しようとする。政府は、公共事業を通じて、市場に影響を与えようとする。政府は、政策によって、市場を誘導しようとする。などなど。法や法にもとづく行政命令(まとめて法令という)が、これらを裏付けている。

政府にも前提がある

経済にとって、政府の行動は前提である。

政府の行動にも、前提がある。

市場には、多くの主体がいる。一人ひとりの人間(自然人)もいるし、法人もある。

主権国家は、その反対に、（その領域のなかでは）ただ一つしか存在しない。主権は最高である。主権は分割できない。主権は人びとを統治する統治権である。主権はあたかも神のように、絶対である。主権国家で、意思決定の権限をもっているひと（国王、大統領、首相など）が意思決定をすると、それが末端の政府職員にまで伝わって、予算が執行されたり軍が動いたり職員が業務を担当したりする。政府職員でない一般の人びとは、意思決定がなされたことを知る。一般の人びとに対して命令が発せられる場合もある。それを受け入れるにせよ反対するにせよ、それが正当な手続きを踏んだ意思決定であることを、人びとは理解する。

＊

意思決定が、人びと（政府職員）のあいだを伝わって、政府の機構の末端にまで届く。権力が、あたかも電気信号のように伝わっていくのだ、とイメージできるかもしれない。

これは予期（計算）可能なメカニズムである。でも、機械的なメカニズムではない。

政府職員は、雇用契約によって雇われており、その義務に忠実であること。法令を知っていて、法令によって行動する義務や習慣に従っていること。指示に従うことが正しいので、たとえ自分の不都合や犠牲を伴うとしても、それを実行すること。そういう一人ひとりの倫理や行動準則によって、意思決定が伝わるそれぞれのステップが支えられている。政府職員のめいめいに、こうした「意思決定に従う用意」があることが、政府が権力を行使できるための前提である。

そしてこの前提は、政府によっては用意されない。市民社会を生きる人びと一般のモラル（行動原理）として、用意されるのだ。

法の支配

近代社会の特徴は「法の支配」(rule of law)である。

近代社会では、刑法は成文法のかたちに、明文化されている。犯罪は、慣習で裁かれたり、恣意的に裁かれたり、裁判所での法手続き抜きに裁かれたり、しない。誰も、自分の行為について、法の根拠なしに、また法の手続きによらずに、追及されたり責任を問われたりしない。

このことがまず、人びと(市民)の自由のなかみである。

*

人びとは、法に従って行為し、法に従って権利を行使する。

加えて、政府も、法に従う。政府機関は、憲法によって設置され、法律に従って業務を行なう。政府が法に従わなかった場合は、裁判所がその行為を無効とし、補償を命じるなどする。

政府は人びとに対して統治権を行使するが、それも法に従う。つまり、権力も法に従うのである。権力は法を執行するのであって、恣意的に権力をふるうわけではない。

近代人の常識

このように政治や経済や法や…が、互いを前提にして自律的に動いているのが近代社会である。すると人びとは、つぎのように考えるだろう。

a. 政府と一般の人びとが、国家を構成している。
b. 政府が、権力によって、人びとを統治している。
c. 人びとは、法のもとで、自由と権利を保証されている。
d. 政府は税を集め、その活動をまかなっている。
e. 警察が犯罪を抑止し、人びとの安全を守っている。
f. 軍隊が侵略を抑止し、人びとの安全を守っている。
g. 議会が法を制定し、政府と人びとはそれに従う。
h. 裁判所は紛争が起こると、法にもとづいて判決を下す。

b. にあるように政府は、権力によって、人びとを統治する。けれどもその内実(c〜h)はすべて、権力そのものにもとづくのではなく、法にもとづく行動なのである。

権力か法か

さて、もしもすべての権力が法の執行であるならば、権力は仮象であって、法だけが実質である、と考えられないか。

＊

権力は、具体的な場面で、人間Aから人間Bに及ぶものだとしよう。そしていま、人間Aが人間Bに、死刑を執行するのだとしよう。人間Bは、命を奪われる。これは、有無を言わさないもので、権力の典型であるようにみえる。

けれども、これが刑の執行で、法にもとづいている。法は、ルールの適用であるから、具体的な人間誰それを念頭に置いていない。およそ誰でも、こういう行為(犯罪)を犯した場合には、こういう刑罰を科す、と定めているだけである。具体的な出来事に先立って、法が制定された。あるいは、慣習的に法が成立していた。そこに、犯罪が発生した。そこで政府機関が捜査を開始し、証拠を集めて犯人を特定し、裁判所に起訴し、裁判所は審理して、判決を下す。有罪なら、政府機関が刑を執行する。これら手続きに関わる当事者はすべて、法にもとづいて行動している。つまり、法→人間A→人間B、である。有無を言わさないのは、法が有無を言わさないものだからだ。

すると、権力の行使とみえたものは、法の適用である。法はルールで、人称をもたない。法を適用することも、法に従うことも、権力ではないのではないか。

＊

近代社会では、権力の行使は多くの場合、法のかたちをとる。

権力と法の、絡み合った関係を解きほぐしてみよう。

ある出来事が、権力なのか法なのか。

身体と影

こんな例を考えてみる。

子どもが日なたで遊んでいる。影ができる。子どもは気がつく、自分の身体が動くと影も動くことを。

右手を挙げると、影も右手を挙げる。左手を挙げると、影も左手を挙げる。自分が右手を挙げるので影も右手を挙げるのではないか、と思うが、どんなにすばやく右手を挙げても影もすばやく右手を挙げる。ずれがない。よって、どちらが原因でどちらが結果であるか、言うことができない。

そこで成り立つ、ひとつの仮説。影が原因で、自分の身体はそれにつれて動くだけではないか。自分は、影が動くように動くだけだ。自分で自分の身体を動かしているというのは、錯覚らしい。

＊

そこで、子どもはこう考えてみる。

影は、自分の身体の外にある。なぜかわからないが、影が動く。すると、それに操られるようにして、自分の身体が動く。身体の動きは、影の動きとぴったり一致しなければならない。自分で自由に身体を動かしているわけではない。……。

こう考えるなら、影⇩身体、に視えない「力」が働いていると言うべきであろう。この「力」はあんまり圧倒的で、自分が自由である（と感じる）ことと矛盾しないほどである。

＊

さてこの、影⇩身体にはたらく架空の「力」が、権力だという可能性はないか。

権力は、あると思えばたしかにある。権力がはたらくと考えることは、実際の経験と矛盾しない。自分が自由に行動するという感覚とも矛盾しない。では権力は、どこから来るのか。その源泉は、影と違って、はっきりしない。けれども、権力が人びとの行動すべてをコントロールしている、と考えることは不可能ではない。

定義と観察

人びとは、権力があると思っている。

近代社会は、権力があるという確信をうみだす。

それはおそらく、人びとが、自分は自由だと思っていることと関係がある。身体が自由に動かせるとき、影⇩身体、にはたらく力を呼び寄せてしまうように。ともかく、人びとは自分が自由だと思っており、また、権力があると思ってもいる。

＊

人びとは、権力があると思っている。ならば、政治学や社会学や…、近代社会についての学問は、権力について考えたり、説明したりしないわけにはいかない。

＊

そこでまず問題になるのは、権力をどう定義するか、権力をどう観察(測定)するか、である。

権力が観察(測定)できるなら、権力は定義できるだろう。また、権力が定義できるなら、権力がはたらいているか否か、判定できるだろう。

そこで、さまざまな論者が現れて、権力の定義を与えた。権力の定義は、議論の出発点になると思われた。どんな定義が与えられてきたか、これからじっくり検討しよう。

ただし、水を差すようだが、権力を観察でき、権力を定義できたとしても、それで権力が説明できるわけではない。
どういうことか。貨幣の場合を例にとって説明しよう。

「現実であって仮象」

貨幣は、近代の経済にとって、中心的な存在である。近代の政治にとって、権力が中心的な存在なのと、平行している。

人びとは、貨幣が存在する、と思っている。

貨幣は、観察できるか。もちろん観察できる。どれが貨幣で、どれが貨幣でないか、はっきりしている。鉄や塩は貨幣でない。貨幣だとみなが認めるもの（政府が発行する紙幣のたぐい）が、いまは貨幣である。

そこで、定義を試みる。どう定義しても、「人びとが貨幣だと認めるものが、貨幣である」みたいな定義になる。それ以外に、定義のしようがない。「誰もが貨幣だと認め、受け取ってくれる。よって、交換の媒介となっている」、が貨幣の本質だからだ。

すぐわかるように、これは循環論である。

貨幣は、観察できるし、定義できる。定義はできるのだが、貨幣を説明しているわけではない。貨幣がなぜ貨幣でありうるのか。人びとはそれを知らない。学者もそれを説明できるわけではない。

＊

たしかにあるのに、それを説明できない。こういう現象をカントが、「現実であって仮象」と言ったらしい。仮象とは、実体が確かめられないものをいう。

現実と仮象とはふつう、正反対だと考えられている。それが、現実＝仮象、とイコール（＝）で結ばれる。こういう奇妙なものを、ひとことで表すなら、「幻想」と言えるかもしれない。（あとでみるように、吉本隆明は、権力を「幻想」だととらえた。）

『資本論』の試み

マルクスは、近代の経済（資本主義経済）に、厳しい目を向けていた。それは人びとを苦しめる、人類の間違った制度だ、と考えた。経済の間違った実態を解明し、それを説明する理論を構成しようとした。

議論の出発点をどこに置くか。

資本主義経済では、貨幣は当たり前のように存在する。貨幣が存在することを前提に議論を始めれば、資本主義経済を脱却できると結論することはできない。よって『資本論』の第一章は、「商品」なのである。

商品は、物財であって、労働の成果であって、価値があって、交換される。商品交換のなかから、貨幣がうまれる。貨幣はもともと、それ自体に価値があるわけではない。それでも市場では、価値があるとみなされる。貨幣は「物神性」を帯びている、とマルクスは言う。

＊

ここが、マルクスと、アダム・スミスやリカルドら古典派経済学との違いである。

アダム・スミスやリカルドは、貨幣が貨幣であるのはなぜか、という疑問に頭を悩ませなかった。貨幣が貨幣としてそこに存在する。それで十分ではないか。彼らはその先を考えた。

マルクスは、市場と資本主義経済が成立する、その前提条件を突きとめたかった。

そこでマルクスが下敷きにしたのが、ヘーゲル哲学である。

ヘーゲルは、弁証法(Dialéktik)によって、自分の哲学を組み立てていた。彼は言う、すべて存在するものは現実的である。貨幣も存在する。だから、現実的である。けれどもまた言う、単純な存在から、矛盾がうまれ、それを乗り越え止揚するように、新しい複雑な存在が生まれる。世界を動かすこのプロセスが、弁証法である。これは生成論の一種である。世界とは、もともとのシンプルな存在から、疎外や物象化をへて、派生的な存在が生み出されていく過程にほかならない。

貨幣は、そうして派生したもののひとつである。現にそこにあるには違いないが、赤と青の色ゴマを回したときに現れるムラサキの円のように、かりそめの存在(仮象)である。

貨幣は、人びとがそれを貨幣だと思う限りで、貨幣である。つまり、

…　思う　⇩　貨幣である　⇩　思う　⇩　貨幣である　⇩　…

という循環があって、そのなかで結ばれる像である。

＊

権力も、人びとがそこに権力があると思う限りで、権力なのではないか。つまり、

…　思う　⇩　権力である　⇩　思う　⇩　権力である　⇩　…

という循環があって、そのなかで結ばれる像なのでは。

昔だれかが、「人びとは、彼が王だから、自分は服従するのだ、と思っている。しかし実際は、人びとが服従するから、彼が王なのである。」と言った。権力が、「現実であって仮象」だという、ことがらの本質に迫っていないだろうか。

権力はなお仮象

さて、貨幣も権力も、「現実であって仮象」なのが似ているとしても、違いがある。

貨幣はモノである。それは、貨幣と交換される商品が、モノだからだ。最初、市場には商品しかなかった。貨幣も商品のひとつで、モノだった。それが交換を繰り返すうち、貨幣としての特別な位置を占めるようになるのだ。

貨幣としての特別な位置を占めたあとでも、貨幣はモノである。たとえば、金。紙幣ができたあとも、しばらくは「金と交換できます」と書いてあった。もう書いてないが、金のような実物の貨幣を「意味する」という「比喩」の性格を残している。

＊

権力は、モノと交換されるわけではない。それ自身がモノでもない。権力は、人間の行動を左右する、はたらきである。

はたらきは、それがはたらいた結果によって、観測される。

マルクス主義は、近代社会を分析するのに、権力にとくに注意を払った。

権力は、至るところにある。

誰かがモノを所有している。そこに権力がある。人びとが法を守っている。そこにも権力がある。権力が法を制定したからだ。政府が人びとを統治している。もちろん、そこにも権力がある。近代社会は、権力に満ち満ちている。

マルクスはさらに言う。権力の背後には、暴力がある。

暴力は、むき出しの物理的実力のことである。それを背景に、「従え、さもなければ、暴力をふるうぞ」と言うのが、権力である。権力は、暴力を含意している。暴力を「意味する」ので、「比喩」のようなものだと言える。

＊

社会の根底には、階級闘争が隠れている。マルクス主義の主張だ。階級闘争は、非和解的かつ絶対的な対立である。だから社会は、暴力によって維持されている。ただし、いちいち暴力を行使するのは効率がわるい。そこでふだんは暴力抜きに、権力によって、社会の秩序を維持している。社会の実態が階級闘争であることは、隠されている。

この、正しくない世界の見え方を、イデオロギーという。イデオロギーによれば、近代社会では、法と統治権力が、平和に社会秩序を維持している。しかしその実は、階級闘争が暴力をうみ、暴力が権力をうみ、権力が資本による搾取と資本の再生産を維持しているのである。

マルクス主義によれば、権力は、暴力から派生したもの。現実であっても仮象である。階級闘争をなくし、暴力を解除すれば、権力は消えてなくなる。そして、国家権力は廃絶できる。

そこで、この政治目標のため、プロレタリア（労働者階級）の前衛党が、暴力革命を起こす。暴力革命によって、国家の統治機構（国家暴力装置）を乗っ取り、その暴力（＝プロレタリアの独裁）によって、私有財産をなくし、資本主義のメカニズムを解体し、階級闘争に終止符を打つ。

かつては確かに、こうしたマルクス主義の政治路線を信じた人びとがいた。

＊

このように権力は、貨幣に比べても、なお仮象である。

権力の実態が、マルクス主義のいうようなものなのか、検証がむずかしい。プロレタリアの独裁権力が、物質と反物質のように権力とぶつかりあって、権力を消滅させるかどうかもわからない。

マルクス主義は、権力について、素朴で荒っぽい断定をいくつも重ねた。そのわりに、権力についての議論を深めたわけではなかった。

もう少し近代社会を生きる人びとの体験に寄り添った、権力の考察はできないものか。

3・2　法とルールと権力と

権力は法で置き換えられるか

近代社会は、法の支配で貫かれている。権力が行使される場合には、かならず法（ルール）の裏付けがある。マルクス主義が主張するのとは反対だ。

＊

裁判所はどうか。

判事は、法にもとづいて判決を下す。判決は恣意的ではない。判事の判断に先立って、法があらかじめ存在する。その法は、立法機関が制定したのかもしれないし、慣習によって決まっているのかもしれない。ともかく、法から判決が生まれる。その判決は効力をもつ。だから権力とみえるが、その源泉に、法がある。つまり、

法　⇩　判事　⇩　判決(法判断)　⇩　効力(権力)

なのである。

＊

議会(立法機関)はどうか。

議会は法をつくる。刑法も民法も、(憲法以外の)どんな法でもつくることができる。そこで、議会は法よりも上位にあるともみえる。だが、そうではない。議会が法をつくるのは、法をつくる権限があると、法によって決められているからだ。つまり、

議会　⇩　法

ではあるのだが、その前に、

法　⇩　議会

のほうがもっと根本的である。議会の行動は、すべて法にもとづいている。つまり、

法　⇩　議会　⇩　法

であって、議会は法からはみ出ることができない。法から法がうまれているのだから。

結論として、議会(立法機関)は、法の枠のなかにある。

政府（行政機関）はどうか。

政府は、行政命令を出すことができる。日本なら、政令や省令。通達のたぐい。アメリカなら、大統領令のたぐい。州知事も命令を出すことができる。どこの国の政府も、なにがしかの行政命令を出すことができる。

行政命令は、法とほぼ同様の機能をもつ。政府は必要なら、立法行為もできるということだ。だが行政命令には、法的根拠が必要だ。行政命令を出してよいと、法に書いてある。そして、法と矛盾する行政命令を出すことは、一般にできない。つまり、

法　⇩　政府（行政機関）　⇩　行政命令

なのであって、行政命令は、法の枠内にある。

＊

こうして、国家機関の行動は、法にもとづく行動である。警察官が犯人を現行犯逮捕するのも、裁判所が請求にもとづいて逮捕状や捜査令状を発行するのも、法務大臣が死刑の執行を命じるのも、指揮官が部隊に戦闘を命じるのも、税務署が法令と申告にもとづいて税を徴収するのも、法の定めにもとづくのである。

権力は法から派生する

さて、以上のように法と権力（権限）の関係を追いかけてみると、ひとつの仮説を考えてみることが

できる。それは、

（HL）権力（権限）は、法から導かれる（派生する）。

という仮説だ。実体としてあるのは「法」であって、権力はそこから導かれるにすぎない。そう考えてみるのである。

＊

この考え方そのものは、わかりやすいだろう。すなわち、

法　⇩　権力（権限）

ですべてを説明する。これが複合した場合、すなわち、

法　⇩　権力（権限）　⇩　法　⇩　権力（権限）　⇩　…

となった場合も、法が本体で権力（権限）はその派生体だ、と考えるのである。

ルールと権力

法からどのように権力（権限）が派生するのか。

つぎのように考えられる。

（1）法は、ルール（の一種）である。

（2）人びとは、ルールに従う。
（3）人びとは、法のルールに従うとき、人びとのあいだに権力（権限）を設定する。
（4）権力（権限）に従う人びとは、実は、法のルールに従っている。

人間は、ルールに従うものなのだ。それは人間の本性だ。法も、数あるルールのひとつである。法は、人びとのあいだに、たとえば「命令する／命令される」という関係をうみだす。これが、権限である。でもこれが、権限としてはたらくのは、関係する人びと全員が、法のルールに従っているからだ。これはちょうど、子どもたちが鬼ごっこをしているとき、鬼がほかの子を捕まえてしまうと、ふりほどくことができない。腕力の問題ではない。鬼の権限は、ルールから来ているのである。

権力を法で置き換える

仮説（HL）は、成り立つだろうか。

これに関連して考えなければならない問題は、こうである。法にもとづく権限をもつ誰かから命令された場合、ひとは、法に従うのだろうか、それとも、誰かの権力に従うのだろうか。あるいは、その両方だろうか。

これは、本質的な問いだ。あとで、ルールと権力の関係を考えるときに、もう一度考えよう。

＊

社会のすべての権力（権限）が、法で置き換えられるか。

王がいる社会を考えよう。王は、統治権(つまり、権力)をもっている。なぜ王は統治権をもつのか。それは、王が王に即位したからである。即位すれば王である。王とはそういうものなのだ。王は命令を発する。それは、法になる。けれども、王の背後に法はない。すなわち、王の統治権は法に置き換えられない。

近代社会は、これと異なる。「法の支配」を掲げ、恣意的な権力を排除し、すべての権力や権限の行使を、法の裏付けのあるものとする。王がいても、王の権限の背後に法をおく。こうして、近代社会の錯綜した権力(権限)の相互関係を、それなりに錯綜した法の相互関係に置き換えるのだ。

このようにして、すべての権力(権限)は、法で置き換えられたのか。

そう考えてみたとする。近代社会には、ただ権力として存在する権力は、ない。必ず、法に基礎をもった権限の行使だけが存在する、と。こう考えるなら、権力はかならず、法から派生する権限である(それ自体としては存在しない)、という結論になる。

権力は法に解消できない

そう考えられることを踏まえたうえで、しかし、私はつぎのように言いたい。

近代社会であっても、法の支配のもとにあっても、すべての権力(権限)を法によって基礎づけてしまったあとでも、権力はやはり権力として問題にしなければならない。つまり、権力は、法に解消できない、と。

＊

そう考えるのには、ふたつの根拠がある。

第一の根拠。

その社会のすべての権力（権限）を、それを根拠づける法に置き換えてみると、どんな形状になるだろうか。法の樹状の連鎖（ツリー）か、または、法の円環（サークル）か、にならないか。法が法を生み、その法がまた法を生む。法と法はこのように連なって、法の効力を支えている。

さて、究極のところ、この法の全体を支えているのは、法でないものだと言わなければならない。法ではないのに、法を支える。これは、権力とよぶのにふさわしい。

樹状（ツリー）の場合、このことはみやすい。法の根拠となる法へとさかのぼっていくと、終端である法にたどりつく。憲法である。その背後にまだ何か根拠があるとすれば、それは法ではない。法ではないなにかが法に根拠を与えている。憲法学ではこれを「憲法制定権力」とよぶ。要は、法は権力に支えられている、というのだ。

＊

円環（サークル）の場合は、終端がないので、法と法がぐるぐると旋回する。法だけで（権力なしで）完結しているようにもみえる。だが、ほかならぬこの法の円環はなぜ、効力のあるものとしてここに存在するのか。そして、人びとをそこにつなぎとめているのだろうか。

この円環は、貨幣が流通するところと似ている。人びとがそれを貨幣だと思うのは、それが貨幣の効力をもつからだが、それが貨幣の効力をもつのは、人びとがそれを貨幣だと思うからだ。

法の場合も、人びとがそれを法だと思うのは、効力をもつからだが、それが効力をもつのは、人びとがそれを法だと思うからだ。この円環は、なぜか事実として成り立っている。この事実は、法の効力には回収できない。そして逆に、この事実が、法に根拠を与えている。これもやはり、憲法制定権力と同類の、権力とみてよいのではないか。

法と権力は、電場と磁場のようだ

第二の根拠。

ミクロに考えても、法と権力は密着している。

人びとが法に従う。これが、法が効力をもつということである。法が法を根拠にする。法が法を派生させる。すると、法に従う人びとが、法を挟んで、互いに関係する。たとえば、法にもとづいて裁判所が判決を出し、法にもとづいて、その判決どおりに執行する。すると、裁判官と執行官は、法を挟んで特定の関係に置かれる。これは、権力(権限)のようにみえる。少なくとも、法の行使を受ける側は、それを権力(権限)のように体験する。

この事情は、法の全体が樹状であろうと、円環であろうと、変わらない。

こうして、法と権力(権限)は、電場と磁場のように、互いを前提としながら生起しあっている。ならば、法は、権力と絶縁しているというより、権力と共存して現象すると言ったほうがよいのではないか。

権力と言語ゲーム

こうして、法があり、また、権力もある。

この社会には、法も権力も、どちらもある。これが、「法の支配」が確立した社会で、人びとが抱くイメージである。

＊

このイメージを、単純なモデルによって考えてみよう。言語ゲームのモデルである。

言語ゲーム(language game)は、哲学者ヴィトゲンシュタイン(Ludwig Wittgenstein 1889–1951)が考えたアイデアである。以下、簡単に説明しよう。(もっと詳しく知りたい読者は、私の『言語ゲームと社会理論──ヴィトゲンシュタイン・ハート・ルーマン』勁草書房、『はじめての言語ゲーム』講談社現代新書、『言語ゲームの練習問題』講談社現代新書、なども参照してほしい。)

言語ゲームとは

言語ゲームとはどういうものか。

言語ゲームとは、「人びとの規則(ルール)に従ったふるまい」のことである。

人間は、規則(ルール)に従ってふるまう。たとえば言語は、規則でできている。規則なしには、文法も意味も成り立たない。行為は、相手に理解されなければ効力をもたない。理解されるには、行為が規則に従っている必要がある。人間のやることなすことは、いちいち規則に従っている。あるいは、こう言ってもいい。規則に従ってふるまうのが、人間なのだと。

なお以下、「規則」といったり、「ルール」といったりするが、同じことである。

言語ゲームについて話すと、話が長くなる。ここでは、必要な限りで、要点を箇条書きにまとめてみよう。

*

(1)言語ゲームとは、人びとの規則(ルール)に従ったふるまい、である。
(2)どんな言語ゲームも、その規則(ルール)をそなえている。
(3)どんな規則(ルール)も、それに従う言語ゲームを考えることができる。
(4)この世界には、多くの言語ゲームがあり、人びとはそれらに参加している。
(5)言語ゲームは、ばらばらではなく、組み合わさっている場合がある。
(6)ひとは、ある言語ゲームに参加したり、離脱したりできる。
(7)ある言語ゲームの規則(ルール)を記述することができる。
(8)社会を、言語ゲームが多く集まった渦巻きとみることができる。

ヴィトゲンシュタインは、『哲学探究』ほかの仕事で、だいたいこのような理解に達した。

*

(7)の、規則(ルール)の記述。ヴィトゲンシュタインは、言語ゲームの記述を「論理学」とよんだ。もとの言語ゲームは、論理学によって記述された規則に従っているようにみえる。しかしそれは錯覚で、論理学などなくてももとの言語ゲームの規則(ルール)はゆるがない。それは、文法書などなくても、日常言語の規則(ルール)がゆるがないのと同じである。

例：所有の言語ゲーム

先に、法律と権力(権限)が、電場と磁場のように連鎖してつながっていく、という近代社会のイメージをのべた。

これに対応することがらを、言語ゲームのモデルで考えてみよう。

人びとはなぜ、ある言語ゲームに留まるのか。

＊

人びとが、ある規則(ルール)に従って、言語ゲームを営んでいるとしよう。どんな言語ゲームでもよいのだが、それが「所有」の言語ゲームだとしよう。

所有とは、このモノは誰それのもの、あのモノは別の誰それのもの、と決まっていることである。どんな社会にも、見出される規則(ルール)であろう。

さまざまなモノは、自分のものか、誰かのものである。みんなのもの、と決まっているモノもあるだろう。

自分のモノは、自分がいつ使ってもよい。ほかの誰かが使ってはいけない。少なくとも、自分に断らない限りは。誰かのモノは、誰かがいつ使ってもよい。自分が使ってはいけない。少なくとも、その誰かに断らない限りは。

これは、実際にそのモノを支配している（たとえば、手に持っている）ということとは異なる。自分のモノなら、現に支配していなくても、目を離していても、どこかに出かけて留守にしていても、自分のモノでなくなるわけではない。

＊

これが、所有の言語ゲームの規則（ルール）である。どんな社会にもそなわっているだろう言語ゲームだ、たぶん。

ルール違反

さて、規則（ルール）があれば、ルール違反がつきものである。規則（ルール）がなければ、ルール違反は起こらない。よく考えるとこれはなかなか悩ましい論点なのだが、深入りしないでおく。

＊

食べ物の例をあげよう。このバナナを、自分が食べれば、ほかの誰かが食べられない。ほかの誰かが食べれば、自分は食べられない。

バナナを分けるとき、これは自分の分だと分けてもらった。自分のバナナだ。自分が食べることができる。ところが誰か（Aさん）に食べられてしまった。どうしてくれる。

Aさんが自分のバナナを持っていれば、それを一本返してもらおう。もしも、バナナを持っていなければ、ほかの食べ物を、あるいはほかの何かを、返してもらおう。弁償である。弁償は、近代社会でいうなら、民事紛争の解決法である。

Aさんは、弁償しようにも、何も持っていない。しかも悪質で、常習犯である。そんな場合、なにかほかのことを考える必要がある。笞で打つ。どこかにしばらく閉じ込める。追放する。…。近代社会でいうなら刑事罰である。

＊

ルール違反があった場合に、言語ゲームは持ちこたえるのか。

誰もルールを守っていない。ルール違反だらけになってしまえば、それはもはや言語ゲームとは言えない。

けれども、人びとがルール違反を指摘し、問題にするということは、人びとがそれでもルールを守り、言語ゲームを続けようとしているということだ。

ルール違反がたまには起こることを予想して、ルール違反をどう扱うかのルールが決まっている場合がある。言語ゲームのルール違反を補修するルールをもった、もうひとつの言語ゲーム。これは、「もとの言語ゲームのルール違反を補修する言語ゲーム」である。言語ゲームが「補修される」(手当てされる)のだから、曲がりなりにも、もとの言語ゲームが続いていく。

復讐のゲーム

所有の言語ゲームと似ているのは、命を守る言語ゲームである。

人びとはみな、命があって、生きている。年をとって、あるいは病気や事故で、死んでしまうのは仕方がない。でも、誰かが誰かの命を、故意に奪ってはならない。「殺してはいけない」である。この規則（ルール）があれば、みんな平和で安全に暮らせる。

ところが、誰かが誰かの命を奪った。ルール違反だ。ルール違反を放置せずに、補修する。ルール違反をそのままにしておかないことが、命を守る言語ゲームを「守る」のに必要なことである。

*

かつて、伝統社会でよくあったのは、復讐である。

いくつかのコミュニティ（ふつう血縁で結ばれている）が混在している。互いに、仲がよいとは言えない。そんなとき、「血の復讐」（血讐）の掟がうまれる。あるコミュニティ（C）の誰かが、別のコミュニティ（D）の誰かに殺害された。そこでCのみんなが集団で、Dのところに押しかけて犯人に復讐する。これが正義だ、という考え方だ。

政府も警察もないところでは、「血の復讐」の掟が人びとの安全を保障し、社会の秩序を保った。旧約聖書でもあちこちに、血の復讐への言及がある。当時、血の復讐は、慣習法としてまだ有効であったのだ。

*

命を守る言語ゲーム。それ単独では、ルール違反に対して脆弱である。そのルール違反（殺人）を補修するように、殺人（ルール違反）に復讐する言語ゲームが随伴している。後者は、前者（命を守る言語ゲーム）とそこで起こるルール違反（殺人）を前提にしている。

前者に後者が随伴する、ふたつの言語ゲームのペア（AとA＋）が、互いをめぐる連星のように、安定した社会状態をつくりだす。

A　：命を守る言語ゲーム

A＋：殺人に対して復讐する言語ゲーム（あるいは簡単に、復讐の言語ゲーム）

このように複合した言語ゲームをもつ社会を、復讐を正義とする社会、とよべる。

＊

「復讐を正義とする」とは、どういうことか。

これは、矛盾している。

復讐は、いっぽうで、殺人（ルール違反）に対して怒っている。殺人を、あってはならないと思っている。命が大事で、命を守る言語ゲームに深くコミットしている。

そのいっぽうで、復讐それ自体が殺人である。殺人（ルール違反）がいけないと思うので、殺人（ルール違反）を行なう。これは、矛盾そのものである。

なぜ、矛盾であることを承知しつつ、矛盾を犯すのか。

殺人（ルール違反）は起こるべきでない。でも起こってしまった。起こった殺人（ルール違反）を「なかったことにする」ことはできない。でも、そのままにもできない。そこで、起こるべきでなかった殺人をとどめる「ピリオド」として、もうひとつの殺人を犯すのだ。

そんなことができるのか。「ポスター貼るな」というポスターのようでもあるし、「うるさい、黙れ！」という怒鳴り声のようでもある。それ自身がルール違反ではあるが、ルール違反を補修しようとしてもいる。

なぜそれが、ルール違反の補修になるのか。それは、復讐が、殺人の「メタレヴェル」に立とうとしているからだ。

殺人をルールに回収する

どのように、復讐を正義とする言語ゲームは、メタレヴェルに立とうというのか。

復讐は、殺人であって、殺人ではない。それは、殺人を終わらせる殺人、殺人の責任を問う殺人、殺人によって脅かされた秩序（命を守る言語ゲーム）をもとに復させようとする殺人だからだ。

＊

もう少し詳しく言うと、こうである。

最初の殺人と、復讐の殺人は、どう違うか。

最初の殺人は、命を守る言語ゲームのなかで、予想されていない。それは、単なる殺人（ルール違反）である。このルール違反は、もともとの言語ゲームを脅かす。

二番目の殺人（復讐）は、もうひとつの言語ゲーム（復讐を正義とする言語ゲーム）のなかで、予想されている。これこれの条件が満たされたときには、犯人をみつけて殺害せよ。殺人ではあるが、ルールに従っている。復讐によって、復讐を正義とする言語ゲームは、脅かされるのではなくて、強化される。

このように、最初の殺人と復讐の殺人は、違っている。

これを、ルールと殺人(ルール違反)の関係として、整理してみよう。

＊

Ａ　：命を守る言語ゲーム　　ルール　↓　ルール違反(殺人)

Ａ＋：復讐の言語ゲーム　　ルール　↑　ルール違反(殺人)

最初の言語ゲーム(Ａ)は、ルールがあるのに、ルール違反が起きた。第二の言語ゲーム(Ａ＋)は、殺人(復讐)をすることが、ルールの実践である。殺人は、ルールのなかに回収されている。ゲームＡとゲームＡ＋は、カップルとなることで、全体として、ルールに従った人びとのふるまいとなる。すなわち、復讐を正義とする社会、である。

＊

復讐を、人びとは予想する。

「ポスター貼るな」というポスター、「うるさい、黙れ！」という怒鳴り声は、あらかじめルールとして予想されていないから、それを見聞きする人びとは当惑する。これは、ルール違反なのだろうか、それとも、正義なのだろうか。

殺人が起こると、その社会を生きる人びとは、復讐がなされるだろうと予期する。復讐は、殺人であっても、その社会の正常なはたらきの一部である。そして、復讐がなされるなら、最初の殺人もその社会の秩序のなかの一部に位置づくのである。

こうして、社会は補修されて正常（ノーマル）になる。その内部にルール違反（殺人）があってもそのままで。

補修は完全なのか

やや枝葉の議論もしておこう。

ふたつの言語ゲーム（A：命を守る言語ゲーム、A＋：復讐の言語ゲーム）が、いまみたようにカップルになっている。この組み合わせは、一定のルール違反（殺人）を補修するはたらきがある。では、どんなルール違反も補修するはたらきがあるのだろうか。

どんなルール違反も、補修できるわけではない。

少なくとも、ふた通りの場合が考えられる。

＊

ひとつは、命を守る言語ゲームのルール違反（殺人）が、コミュニティCとコミュニティDのあいだで起こるのではなくて、コミュニティCの内部で起こる場合。殺人の被害者も、加害者も、同じコミュニティCのメンバーである。この場合には、復讐の言語ゲームが起動しないかもしれない。復讐の言語ゲームは、異族の攻撃から同族の人びとを守るためのものであるから。

とは言え、ルール違反（殺人）が起こった。放置はできない。そこでこの場合には、コミュニティCは犯人を、「追放」するだろう。追放とは、もはや復讐によって守られないこと。誰かが犯人に危害を加えても復讐されないこと、をいう。

これは、命を守る言語ゲームのルール（殺すな）を守りつつ、この言語ゲームを補修するやり方のひとつだ。

＊

もうひとつは、復讐の言語ゲームのルールが守られない可能性。

これには、過少に守られない場合と、過剰に守られない場合とがある。

過少に守られないとは、復讐が十分に行なわれない、あるいは、そもそもまったく行なわれないことである。復讐が復讐にならない。復讐の言語ゲーム（A＋）があっても、もとの言語ゲーム（A）が補修されない。殺人が放置され、人びとは生命が守られない。

過剰に守られないとは、復讐が過剰に行なわれることである。一人が殺された復讐に、たとえば五人を殺した。復讐された側が、これは復讐ではなく、不当な殺人であると考える。そこで今度は、復讐されたコミュニティDの人びとが、復讐したコミュニティCに対して、復讐の復讐に押しかける。これは、血で血を洗う復讐の連鎖にエスカレートするだろう。

これは、復讐の言語ゲームが、復讐の範囲を逸脱し、もとの命を守る言語ゲームを破壊してしまう可能性である。

この逸脱を防ぐため、復讐を厳密に復讐の範囲に止めるルール、たとえば「同害報復のルール」が考えられた。「目には目を、歯には歯を」。復讐は厳密に、加害／被害が同等で釣り合うのでなくてはならない。（しかし復讐の言語ゲームには、それを判定するメタレヴェルが存在しない。）

社会を補修する言語ゲーム

さて、話を本筋に戻そう。

復讐を正義とする社会は、なにをしているのか。

人びとは思う、命は大事である。そこで、人びとは互いの命を大事にする。人びとは、命を守る言語ゲームを遂行している。

＊

ところが、言語ゲームには、ルール違反がつきものである。殺人（ルール違反）が起こる。人びとは衝撃を受ける。「命を守る言語ゲーム」を守るために、何かをしなければならない。そこで、復讐をする。復讐は、殺人を否定する殺人、というパラドクシカルな行ないである。それをルールにもとづいて、集団で行なう。復讐の言語ゲームである。復讐の言語ゲームは、もとの、命を守る言語ゲームとカップルになっていて、それを補修するのである。すっかり補修し切れるわけではない、としても。

＊

いま、命と殺人に焦点をあてた。すると社会は、「復讐を正義とする社会」の像を結んだ。

ところが社会には、さまざまの価値あるものがある。人びとは、それを大事にして生きている。その数だけの言語ゲームがある。社会は、それらの言語ゲームの束である。人びとは、いったいどれだけ多くの価値あるものがあり、どれだけ多くの言語ゲームがあり、それらがどのように絡み合っているのか、明確な像を描けないほどである。

本書もここで、それを深く追究することはしない。ただ、社会はさまざまな言語ゲームの束である、とだけ考えておく。そしてそれを、「社会ゲーム」とよぼう。

＊

社会ゲームは、さまざまなルール（規則）から成り立つ。そして、ルール違反を誘発する。いくつかのルール違反は重大で、人びとはそれを看過できないと思う。

そこで、ルール違反に対抗し、社会ゲームを補修するために、社会ゲームに並行する言語ゲームが営まれる。これも、社会ゲームの一部ではある。「復讐を正義とする社会」になぞらえるなら、つぎのように書くことができる。

S　：社会ゲーム　　　　　ルール　↓　ルール違反（犯罪など）
S＋：社会を補修する言語ゲーム　ルール　↑　ルール違反（強制力）

社会を補修する言語ゲームは、生体の免疫系のようにはたらく。

＊

社会を補修する言語ゲームは、社会の外にあって、社会ゲームをもとの軌道に乗せようとする。その際、関係する人びとの意思を無視して、強制力を用いるかもしれない。

この、社会ゲーム（S）と社会を補修する言語ゲーム（S＋）との関係が、権力のモデルを与える可能性がないか、考えてみよう。

『法の概念』のモデル

ここでの議論の先駆けとして、H・L・A・ハートの『法の概念』を復習しておこう。(ハートの議論は、『言語ゲームと社会理論』の第二章で論じた。)

ハート(Herbert L.A.Hart 1907-1992)は、イギリスの法理学者。ヴィトゲンシュタインの言語ゲームのアイデアを(たぶん)参考に、法のモデルを考えた。

ハートは言う。法の秩序は込み入っているが、その根底に、責務を課すルールがある。これが一次ルールであり、そこから派生する二次ルールに、承認/裁定/変更、の三つのルールがある。これらの複合として、法のシステムを再構成することができる。

＊

ハートの議論は、法のルール説である。人びとは自発的にルールに従う。だから、法にも従う。

ハートが反対するのは、法の命令説。ジョン・オースティンが唱えた説である。ジョン・オースティンは一九世紀イギリスの法哲学者だ。

法の命令説は、法が法として効力をもつのは、王が権力を背景に、人びとに法に従えと命令するからだとする。この説の難点は、法の外側に王や権力を想定しなければならないことである。法に根拠をもたない王や権力とは何か。そんなものはありうるのか。ハートは、ルールなしに、王も権力も存在できないことを論証していく。

法の命令説をモデルにすると、こうである。

C　：法のシステム　　ルール　↓　ルール違反　↓　王の処罰

C＋：王の命令　　　　王の命令　↓　ルール

2行目(C＋)の、王の命令が法のルールを生むというところが、説明されないままになっている。いっぽう、法のルール説は、つぎのように書ける。

L　：法の一次ルール　　ルール　↓　ルール違反　↓　責務を課すルール

L＋：法の二次ルール　　ルール　↑　ルールの穴

責務を課すルール(にもとづく言語ゲーム)は、復讐の言語ゲームとやや似ている。ルール違反を補修し、もとのルールを機能させようとするところだ。ハートはこれを、法のこれ以上さかのぼれない基底だと考え、一次ルール(primary rule)とよんだ。

これに対して「ルールの穴」とは、ルール違反ではないのだが、ルールの内部では解決のつかない問題である。たとえば、何がルールなのかをめぐる疑義。そう言えば、どこかにルールを書き留めてあったはずだ、とそれを参照すれば、それは承認のルールである。そのルールを変更するなら、変更のルールに従っている。法をめぐる紛争を誰かに裁定してもらおうとすれば、裁定のルールに従っている。これらはどれも二次ルール(secondary rules)であって、法の一次ルールの外側から、メタレヴェルに立って法に言及し、法に対する操作を行なうのである。

責務を課すルール

ハートのいう「責務を課すルール」について、もう少し掘り下げてみよう。

ハートが念頭に置いているのは、どんな社会にもあるであろう、責任を追及するプロセスのことである。必ずしもルール違反とは言えない場合もあるかもしれないが、ともかく何か、人びとにとって不都合なことが起こった。それが誰の責任なのか、はっきりさせよう。そして、どういう追加の出来事(償い?)が必要か、決めよう。――これは、社会を営むうえで最低限、必要なことだろう。これ以上さかのぼれない、法の根本的なあり方である。

そう考えて、ハートはこれを、法の一次ルールだとした。そして、複雑な法現象はここを基点に派生したものだ、と理解できるとした。

*

けれども、よく考えてみると、責務(obligation)を課すルール(に従う言語ゲーム)は、単純なものではない。「復讐を正義とする社会」と同じように、少なくともふたつの言語ゲームのカップルになっているのではないか。すなわち、

O　：社会ゲーム　　　　ルール　→　ルール違反

O+：責務を課すゲーム　ルール　←　ルール違反

のように。社会ゲームのどれかのルールにルール違反が起こって、それを補修する「責務を課すゲーム」が起動した、という具合に。これは、命を守る言語ゲームのルールにルール違反（殺人）が起こって、それを補修する「復讐の言語ゲーム」が起動したのと軌を一にしている。

責務を課すゲームは、社会のうちどんなルールのどんなルール違反が起きた場合に起動するのか、はっきりしない。たぶん、さまざまなケースがあるだろう。そして、責務を課すゲームがどのような人びとによって担われるのか、特定されていない。復讐の言語ゲームのように、コミュニティを生きるすべての人びとが、義務のように参加するのかもしれない。ひとつ明らかなのは、責務を課すゲームを担う人びとが、王や裁判官や法学者のように、メタレヴェルにいるのではなく、人びとが社会を生きるその基層のレヴェルで動いていることだ。

＊

このようなイメージをもとに、ハートは、この責務を課すルールを、一次ルールとよんだ。責務を課すルール（にもとづく言語ゲーム）は、復讐の言語ゲームの一般化になっていることがわかる。

復讐と処罰

法のシステムは、一次ルールしかない単純（単相）なあり方から、二次ルールをそなえた複雑なあり方に、どのように展開していくのだろうか。言い方を変えると、法のメタレヴェルをどのように獲得していくのだろうか。

ハートは、この点をとくにのべていない。法理学者のハートには、法が発達した複雑なシステムなのは、当たり前なのだろう。

＊

法のシステムが、一次ルールだけのあり方から、二次ルールをもつ複雑なあり方に展開するのは、社会システムが、贈与だけからのあり方から、税をもつ複雑なあり方に展開するのと、並行する出来事かもしれない。

前者では、人びとの関係は、具体的な相互関係である。後者では、人びとの関係が抽象化し、メタレヴェルに立つ人びとが現れる。

＊

前者はたとえば、復讐である。復讐は、正義を実行してはいるのだが、復讐される側からみれば、もうひとつの殺人にみえる。あるときは、こちらが復讐し、またあるときはあちらが復讐する。復讐は反撃にあって、成功しないこともある。

後者はたとえば、処罰である。処罰は、正義を実行している。処罰する側と処罰される側は、レヴェルが違っていて、もうひとつの殺人とはみえない。処罰する側はつねに処罰し、逆転することはない。処罰するのは、たとえば王である。王は、その他の人びとと異なったレヴェル（メタレヴェル）に立っている。

3・3　税をとる王

贈与と税

王とはなんだろうか。

法の命令説をとったジョン・オースティンは、王とは何かを、法の側面から説明しなかった。王はメタレヴェルに立って、法を命令し、法に違反した者の処罰を執行する者である。説明終わり。王が王なのは、王だからだ。王の性質を、同語反復のように王に帰属させる。こういう議論は、実はよくある。

そうではなしに、言語ゲームとそのルールとの関連で、王を特徴づけてみよう。

＊

まず、王を定義する。

〔定義K〕　王とは、税をとる存在である。

正確に言えば、これは定義（必要十分条件）というよりも、必要条件である。

王が税をとることは、当然とされるわりに、あまり重視されなかった。だからこの点を強調しておきたい。

そのほかの必要条件としては、君主であること、血統によりその地位を世襲すること、統治権をもっていること、軍事指揮権をもっていること、…などなどがある。これら当然の性質は、定義Kとあわせれば、王の過不足ない記述となるだろう。

＊

税のない社会はあるか。ある。そこでは、人びとは贈与をし、贈与のみを行なう。

贈与と税は、背反する概念である。

共通する部分はある。贈与も税も、どちらも財(資源)の一方向への移転である。

けれども、贈与と税は違っている。

贈与は、互酬的(reciprocal)である。贈与は、単発でみれば財の一方向への移転であるが、いずれ反対贈与として、返ってくる。贈与した相手から直接に返ってくる場合(限定交換)もあれば、ぐるりと回って別な相手から返ってくる場合(一般交換)もある。

社会が交換によって満たされているならば、その基本構造は、限定交換か一般交換になる。これはレヴィ＝ストロースが、『親族の基本構造』で論証した重要な結論だ。そもそも婚姻は、女性の交換である。親族は、女性を交換するシステムである。人間社会は、女性やさまざまな財を交換するように、組織されるのだ。

＊

贈与と交換の仕組みさえあれば、社会は社会として成立する。それ以上(たとえば、税や王権の仕組み)は必要ない。

けれども、農業が発達すると、贈与と交換だけではすまなくなる。

農業は、収穫を蓄積する。穀物は数年保存でき、運搬もできる。農地を開墾し維持するのに、組織された労働が必要になる。農地は稀少なので、防衛する必要がある。農業をしつつ生活していると、贈与と交換の枠に収まらない、税と王権がやがてうみ出される。

蕩尽と威信

贈与と交換しかしない社会は、農業がないか、あってもごく素朴な段階だ。財を蓄積することは、贈与と交換を脅かす。財を蓄積するよりも、贈与し、蕩尽することに価値が置かれる。贈与すれば、財は失われる。けれども、威信(名誉)がえられる。威信は、本人の満足であり、周囲の称賛である。一箇所に集中するとしても、蓄積できず危険でもない。人びとは、どうやって贈与し、威信を獲得しようか知恵をしぼる。結局、余剰の財はすべて蕩尽され、社会の平和な現状は維持される。

極端な蕩尽の例は、ポトラッチとして有名である。

また、インドネシアのある地域では、ブタが飼育され、有力な財となっている。人びとはブタを寄託し、寄託を受けた者はビッグマンとなり、ますますブタを集め、そのブームが頂点に達するとブタは屠殺されて食べられてしまう。これも蕩尽の仕組みである。

＊

贈与と交換しかない社会では、親族が重要な社会組織である。

親族は、女性の交換のネットワークである。財の交換のネットワークでもある。親族の人びとを、族長が指揮する。族長は年長者で、経験と知識をもっている。族長の指揮が及ぶ範囲は、血縁によって親族にまとまっている人びとである。そして、族長は税をとらない。

発達した農業は、生産性が高い。そして収穫を蓄積できる。農業に従事する人びとが自身の生活を支え、なお余剰がある。この余剰によって、農業に従事しない人びとが生活できる。社会階層が分化する。

族長と士師と預言者

旧約聖書のヨシュア記、士師記、サムエル記は、族長制から王制への変遷を、なだらかな物語として記述している。

ヨシュアは、モーセの後継者である。イスラエル十二部族を率いてカナン（約束の地）に入った。先住民を押し退け、各部族は神に与えられた地（嗣業の地）に定住した。

預言者モーセや軍事的カリスマをもったヨシュアが、歴史的に実在したか疑わしい。ヴェーバーは『古代ユダヤ教』で、旧約聖書の記述から、イスラエルの人びとの古代史を復元してみせた。第2章に要約したとおりである。

＊

由来のばらばらな十二ほどの集団（部族）が、ヤハウェを唯一の神と崇める祭祀同盟を結んだ。イスラエルの民である。

それぞれの集団は族長に支配されていた。族長は部族の統治権、裁判権、軍事指揮権、祭祀権をもっていた。部族は独立に行動した。互いに争うこともあった。たとえば、レビ族の男が側女を連れ旅をしてベニヤミン族のギブアの町に泊まり、側女を辱められ生命を奪われた。男は側女の死体を十二に切断し、十二部族に送った。十二部族は集まってベニヤミン族と戦い滅ぼした。その戦いに参加しなかったヤベシュの住民もその咎で、残らず滅ぼされた(士師記19〜21章)。

＊

聖書ではこの時期、レビ族や祭司がいたことになっているが、疑わしいと思う。実際にはあちこち(山の上など)に聖所があり、族長たちがそれぞれ祭壇を築いていた。

サムエルは、預言者らしい預言者である。王がまだいない時代、イスラエルの全部族に神の言葉を伝え、イスラエルの人びとの信頼をえた。イスラエルの長老たちは集まって、サムエルに、自分たちを裁く王を与えて下さい、と頼んだ。サムエルはこう警告した。王は息子たちを徴用して兵士としたり、耕作させたり、武具を造らせたりするだろう。娘たちを徴用し仕事をさせるだろう。農地を没収し家臣に分け与えるだろう。収穫を税として徴収し家臣に分け与えるだろう。それでも人びとは王を願った。

王は、人びとに税を課するものだという明確な認識が、聖書にははっきりのべられている。

サムエルは、ベニヤミン族のサウルに油を注いで、王としたのだった。

サウルはそのあと、預言者の一団に混じって、≪預言する状態≫(サムエル記上10章10節)になった。初期の預言者は集団で生活して、憑依状態になる、職業身分だったことが想像できる。

サウルの次に王となったのは、ダビデである。

ダビデ王は、エブス人の町であったエルサレムを攻略して本拠地とした。そして、よそに置いたままになっていた「契約の箱」を、エルサレムに鳴り物入りで運びこんだ。

次の王となった、ダビデの子ソロモン王は、エルサレムに神殿を築いて、契約の箱を安置した。

王の税

王はなぜ、税をとるのか。税をとるのが、王だからだ。

王は、集めた税を何に使うのか。家臣をめし抱え、軍人を雇い、王国を統治するためである。それには、費用がかかる。税はそれをまかなう。

王はこうして、贈与と交換のネットワークであった社会をはみ出している。税は、有無を言わせない一方向の財の移転である。ほかの誰かがこれをやれば、泥棒であり、強盗である。王がこれをやれば、税である。税を払うことは正しく、税を払わないことは正しくない。

人びとが無理やりであれ何であれ、なぜ税を払うのか。この疑問は後回しにする。

＊

税を手にした王に何ができるのか。

王は、軍人を雇う。家臣を雇う。彼らは、王と契約を結んだエージェントである。対価を受け取ることと引き換えに、王に服従し、王の命令を聞く。これらの臣下を従えることで、王の行為能力は増す。

この、王と臣下の関係が、社会ゲームに対してメタレヴェルをつくりだす。

町の裁判と王の裁判

旧約聖書には、さまざまな裁判のパターンが出てくる。

いちばん素朴なのは、部族の族長や長老が裁判を行なう場合である。

部族は放牧をやめ、定着して町に住む。町には門があって、重要な会合は町の門で行なわれた。ルツ記にはこうある。ナオミは飢饉のため異民族の土地に移り、夫も息子も亡くし、息子の嫁で異族の女性ルツを連れて久しぶりに故郷に戻った。家も土地も人手に渡って貧しい毎日だ。ルツは義母を助けるため落ち穂拾いに出て、亡くなった夫の遠縁のボアズに気に入られる。ボアズは町の門で、こう叫ぶ。ナオミの土地を買い戻すのは親族の務めだと思うが買い戻す気はないかね。親族は言う、ないね。ボアズは言う、では私が代わりに買い戻しても文句はないね。ないとも。こうしてボアズは家と土地を買い戻し、晴れてルツと結婚できた。ルツの曽孫がダビデ王である。

町の裁判は、誰でも提訴ができて合議で裁定する。全員が関係者で、専任の裁判官はいない。贈与と交換のネットワークを前提にした裁判だ。

＊

王も裁判を行なう。

ソロモンは、王になるにあたって、どんな望みがあるかと神に尋ねられた。正しい裁判をする知恵を与えられることが望みです、と答えた。ソロモンの知恵である。王も裁判を行なっていたことがわかる。

王の命令で裁判を行なう臣下(裁判官)を考えてみる。裁かれる者は、誰も知り合いではない。ただ法律に従って、裁くだけだ。裁かれる相手からみれば、取りつく島がない。だから、メタレヴェルである。

王の軍隊

王の命令で戦う臣下(軍人)を考えてみる。戦う相手は、敵ではあっても知り合いではない。ただ命令に従って相手を倒すだけだ。相手からみれば、取りつく島がない。メタレヴェルである。

＊

戦利品を、戦闘に加わった人びとが分捕っていいか。

古代や中世では、戦利品は、兵士らで山分けにする習慣があった。捕虜は奴隷にしてもよかった。だがそれでは、欲望が動機で戦争することになり、強盗と変わりない。メタレヴェルではない。

旧約聖書は、イスラエルの民は神ヤハウェの命令で戦うことを強調する。戦利品をとってはならない。都市は破壊し、財貨は燃やし、住民は奴隷とせずに殺し、家畜も殺さねばならない。聖絶(ホロコースト)である。

ユダ族のアカンが、聖絶すべき財貨の一部を自分のものにして隠した。そのため戦さに敗れた。神ヤハウェは、ヨシュアに命じて、犯人を探させた。全員のなかから主が指摘したのは、アカンであった。アカンは盗みを白状し、盗品も見つかった。全イスラエルはアカンに石を投げつけて殺し、彼の持ち物を火で焼き、家族を石で打ち殺した(ヨシュア記7章)。

税は交換なのか

税は交換なのか。

これは、人びとは税をなぜ払うのか、ともつながる問いだ。

＊

税は、交換ではない。

税は、一方的な収奪である。いくら払うのか、自由に決められない。贈与（交換）はふつう、自分が合意したものを、自分が自由に決めて相手に渡す。その点、贈与と似ていない。

税は見返りがはっきりしない。税は取られたあと、勝手に使われてしまう。贈与の場合には、いずれ返礼の贈与が返ってくる（交換として完結する）と期待できる。

＊

税は、交換ではないが、ある意味、交換でもある。少なくとも、王（税を取る側）は、そう思わせようとする。

王のほかに、別の王がいる。脅威である。そうした脅威から守ってやる。安全を保障する。その代価なのだぞ、税は。暴力団が縄張りの商店からみかじめ料を集める論理と、よく似ている。

実際の脅威があるのかどうか。王が実のところどこまで安全を保障してくれるのか。それははっきりしない。けれども、脅威がないという証拠もない。はっきりしているのは、いま自分たちがいるこの範囲から税を集めるのは、この王ひとりだけであること。よその王に税を払うわけにはいかない。

この王との結びつきは、選択の余地がなく、運命的である。

＊

税を「交換」と言いにくいのは、「収奪」の側面もあるからだ。

王はさまざまの特権をもっている。王は、一般の人びとの手の届かない豪華な生活を送る。また、一般の人びとの社会ゲームの制約を離れた権能を手にしている。王はそこから利益をえている。王が税を集めるのは、自分の個別利益のためでもある。

税のゲーム

結論として、こうである。税は、税を支払う側からすると、交換ではない。税を集める側からすると、税は交換である。このように、正反対の性質をそなえた、両義的な性格がある。

これを、言語ゲームとして描くと、つぎのようである。

T±：税の言語ゲーム　（交換であり、交換でない）
T－：税を支払うゲーム　（交換でない）
T＋：税を集めるゲーム　（交換である）

税を支払うのは、王に統治される一般の人びとである。一般の人びとは、税に関わりたくない。税なしの、贈与と交換の社会ゲームを営み、それが社会であると思っている。税は、贈与とも交換とも違っている。

税を集めるのは王である。王は、統治される一般の人びと（社会ゲーム）から浮き上がった、メタレヴェルにある。王は税を原資に、さまざまな活動を行なう。王の活動を、公共サーヴィスという。王に言わせると、税は「交換」である。税を集め、代わりに公共サーヴィス（安全保障を含む）を提供している、と。

王のゲーム

王はどのような言語ゲームをしているのか。

王は、簡単に言えば、税を集め、臣下を雇い、一般の人びとを徴用・動員している。これは、戦争を含む。警察や裁判を含む。そして、王の特権的な生活を含む。

図式で示すと、こんな具合だ。

Ｋ　：王の言語ゲーム　　（王としてふるまう）
Ｋ１：税を集める（＝Ｔ＋）
Ｋ２：臣下を雇う
Ｋ３：人びとを徴用・動員する
Ｋ４：公共サーヴィスを行なう
Ｋ５：人びとの安全を保障する

K（王の言語ゲーム）のうち、その重要な部分であるK1（税を集めるゲーム）は、T＋（税を集めるゲーム）と同じものだ。そしてT＋は、T－（税を支払う言語ゲーム）と背中合わせである。人びとが税を支払わなければ、税を集めるゲーム（T＋＝K1）は成り立たない。そして、K（王の言語ゲーム）も成り立たない。

＊

このように、王のゲームは、社会ゲームと密接にカップリングしている。

そこで、王のゲームと社会ゲームの関係を、さらに具体的に考えてみよう。

王のいる社会ゲーム

王がいることで、社会はどう変わるのか。

王のいない社会の言語ゲームが、「社会ゲーム」であった。社会ゲームは、実際には、いくつもいくつもの言語ゲームの束である。

王がいると、社会は、もとの社会ゲームとは少し違ったものに変化する。ひとつは、税を支払うからだ。税を支払わなかったあいだは、より多くの資源を贈与と交換に回すことができた。

もうひとつは、社会ゲームは、自律性の一部を失うからである。王がいないあいだ、社会ゲームは、社会を補修する言語ゲーム（S＋）を伴っていた。王は、それ（の一部）を代わって行なう。たとえば、王（の臣下である裁判官）が裁判を行なう。

王のいる社会の言語ゲームを全体として、「王のいる社会ゲーム」といおう。

王のいる社会ゲーム（S＋K）も、いくつもの言語ゲームの束である。人びとの営む社会ゲームとの関係は概略、つぎのようになっている。

S　：社会ゲーム

T－：税を支払うゲーム　←税を支払う　社会ゲームを補修する→

K　：王のゲーム　←税を集める　公共サーヴィスを行なう→

K1：税を集める（＝T＋）

K4：公共サーヴィスを行なう

図柄だけをみれば、パーソンズの「境界相互交換」に似ている。

けれどもこれは、ふたつの並立する社会の「部分セクター」が互いに機能のアウトプットを交換する、という話ではない。もともとの自律した社会ゲーム（S）に、メタレヴェルの王のゲーム（K）が加わって、王のいる社会ゲーム（S＋K）となる、というメカニズムを表わしている。

＊

このメカニズムは、人びとのふるまいを言語ゲームとして記述し、社会を複言語ゲームとして記述することで、定式化できている。

そこでこのあと、王のいる社会ゲーム（S＋K）を土台にして、権力の考察をさらに進めよう。

税は重層する

その前に、少し枝葉の話題として、税が重層する（王も重層する）可能性に触れておこう。

＊

旧約聖書にも描かれているが、古代このかたしばしば、広大な地域を支配する帝国が出現する。その支配者は、王のなかの王（皇帝）とよばれる。

そのメカニズムは、たとえばこうである。

人びとは城壁に囲まれた都市を拠点とし、周辺の農地を耕作して暮らしていた。いくつかの都市を束ねる国家を、王が支配していた。

国家は軍隊を擁し、互いに対抗しあった。安全のため、攻守同盟を結ぶ場合もあった。

そうした対立関係のなかから、帝国が現れる。帝国は、属国を従えたネットワークである。帝国は、服従させたい国に使者を送って通告する。属国になれ。毎年これこれの税を払い、戦争の際にはこれこれの人数の軍隊を提供しろ。応じればよし、応じなければ戦争で打ち滅ぼしてやるぞ。こうして属国を増やしていくのが帝国だ。

＊

帝国のトップを、「王のなかの王」あるいは「皇帝」という。皇帝は、属国の王たちから税をとっている。一般の人びと→王→皇帝、へと税が吸い上げられる。もしもこれを、「皇帝と王のいる社会ゲーム」(S+K+E)というならば、王のいる社会ゲーム(S+K)を重ねて複雑にしたものになるだろう。その複雑な様子は、王のいる社会ゲーム(S+K)から類推できるだろう。

物納と金納

関連して、集めた税をどのように運搬するか、という問題を考えてみる。

貨幣経済が発達していない伝統社会では、現物で物資を移動させるのが一般的だった。穀物であれば物納する。ほかに、賦役(農作業や土木作業や軍務)を負わせる。十分の一税や、年に何日働く、のように、比率で課する場合が多い。

貨幣で納める金納もあった。金納は、集める手間や計算や運搬が便利である。だが、貨幣経済からはみ出している農民は、農産物を売却して貨幣に変えなければならない。

＊

伝統社会ではおおむね、農民は税を物納し、商人は金納した。多くの社会は農地を基本にしていたので、商人への課税はむずかしい場合が多かった。

中世では、農業地帯に多く領主がいて、農民から年貢や小作料を集めた。税のようなものである。領主と農民の関係は、王のいる社会ゲーム(S+K)と似てくる。ただし、領主は所有地を私有財産として領有しているだけで、王のようにきちんと領民を統治しているとは限らない。おおむね領主は小規模で弱体である。

そこで領主は、領地を寄託し「封建契約」を結んで、自分より有力な領主や王侯の臣下となり、身の安全をはかった。主君に臣従し、軍務を提供する義務を負う。税の一部を上納する。主君が誰かの人質となった場合、身代金を分担するという規定もあった。戦争がいやで軍務を提供しない場合、金銭（臆病税）を払って勘弁してもらう、という規定もあった。封建契約は、物納の税を前提にしている。

封建契約は何段階にもなり、錯綜し、全貌が見渡せなくなる。この点が、帝国とは異なる。

日本の武士も、土地を媒介に、封建的な主従契約を結んだ。ただし、ヨーロッパ中世ほど複雑ではない。

＊

ヨーロッパ中世の特徴は、封建的な農業地帯の外側に、商業に特化した都市があり、領主の制約を受けず自治権をもっていたことである。都市には、領主に隷属する農奴はおらず、自由があった。

やがて、この都市を足場に、王権が勢力を伸長し、大小の領主を一掃していく。

支配の社会学

話を本筋に戻す。

王と臣下と税の問題を正面から論じたのは、社会学者のマックス・ヴェーバーである。『支配の社会学』『支配の諸類型』として翻訳されているテキストが、古典的だ。

＊

ヴェーバーの支配の社会学は、何気なく読むと、ただの類型論に思える。しかも古代や中世の社会の例が主で、現代社会にあてはめにくい。古典だからいちおう読むつもりで、本棚の飾りになっている場合が多い。

本書の文脈でみれば、ヴェーバーは、理論物理学のように精密に、権力をめぐる王と臣下と統治組織と税の問題を、根源的に論じている。時代や地域に関わらない社会のあらゆる実例を通して、普遍的に成立する命題を追究している。社会学としてとてもまともである。

＊

社会学のよくある組織論は、近代的な官僚制を前提にし、その現象面に注目する。政府職員も私企業の社員も、俸給生活者で官僚組織の一員という点では同じで、横並びに「組織」として扱える。その程度の想像力では、現代中国の官僚組織の分析にも手こずるだろう。

税が、歴史のなかで、親族組織を突破する新しい集団形態をうみだした。官僚制は、それ以来の数千年の歴史がある。近代の官僚組織は、歴史的にも文明的にもごく特別の条件に支えられた、特殊な現象であると理解しなければならない。

税を補助線とすれば、組織のなかでは、教会と王制が特異であることがわかる。そのどちらとも違ったものとして、契約にもとづく近代組織がうまれた。国家組織も、契約にもとづいて再編成された。近代組織を考えるにも、国家組織と民間の企業組織とをはっきり区別して考えたほうが、射程の長い議論ができるはずだ。

カリスマ

さて、ヴェーバーの重要な着眼は、カリスマから議論を始めていることだ。カリスマは、ある個人の特異な素質で、ほかの人びとを惹きつけ従わせる特性のこと。特異で例外的な能力である。なぜその人にそうした特性がそなわっているのか、うまく説明できない。ほかの人間が、学習や経験でその能力を身につけることもできない。

新約聖書に描かれたナザレのイエスは、こうしたカリスマをそなえていたとみえる。洗礼者ヨハネも、イスラム教の預言者ムハンマドも、モーセやサムエルやエリヤなどの預言者らも、士師たちもやはり、こうしたカリスマをそなえていたとみられる。

カリスマをそなえた人物がいつどのように現れるか、予測できない。カリスマをそなえた人物が、人びとに受け入れられるのかどうかも、予測できない。

＊

カリスマは、新しく画期的な政治・社会制度を開始する、点火メカニズムである。

カリスマの周囲には、目を開かれ、新しい価値観に駆動された人びとが集まる。彼らフォロワーの集団が拡大し、新しい社会組織を出現させる。イスラム教の場合が、もっとも典型的だった。それはたちまち広大な地域を支配し、イスラム帝国を樹立した。

血縁と官職

カリスマが新しい社会組織をうまく起動させたとして、それはどう維持されるのか。

カリスマをそなえた人物は、生身の人間である。年をとり、やがて死んでしまう。カリスマの持ち主が死んでしまうと、カリスマは永遠に失われる。二度と戻って来ない。

それを機会に、周りに集まっていた人びとは離散して、組織がなくなってしまう場合もある。

＊

カリスマをそなえた人物がうみだした組織が、彼(女)の死後も長続きする場合には、どういう条件があるか。ヴェーバーは、二通りのケースがあるとした。

ひとつは、血縁カリスマ。

カリスマをそなえた人物と血縁のある誰か(息子など)が、後継者になる。別人であるから、カリスマをそなえてはいない。でも血縁者であるから、人びとは彼(女)を正統な後継者とみなし、服従する。こうして組織は維持される。

北朝鮮が「白頭山の血統」などと言っているのは、これにあたる。

もうひとつは、官職カリスマ。

カリスマをそなえた人物が就いていたポストに、別の誰かが後継者として坐る。後継者はもともとカリスマをそなえていたわけではないが、そのポストに就いたことで、周囲の人びとからあたかも後継者のように敬われ、服従される。これも、かたちを変えたカリスマの継承である。

どちらのケースも当初の、熱量がほとばしるようなカリスマの非日常的なエネルギーは失われて、日常の秩序が戻って来ている。ヴェーバーのいう「カリスマの日常化」である。

ムハンマドが亡くなると、彼に従う主要な人びと(教友)が集まり、後継者を選んだ。ムハンマドは預言者（神の使徒）である。後継者はカリフ（神の使徒の代理人）である。カリフは、ムハンマドの権能のうち、イスラム共同体を率いて、戦時には軍事指揮官として、平時には統治者として、君臨する。けれどもムハンマドの宗教的霊力や、法判断の権威は継承しない。法判断を担当するのは、イスラム法学者らの役割である。以上、「カリスマの日常化」の一例だ。

＊

カリスマは、非日常の空間を人びとのあいだに出現させる。ここまでの言い方では、メタレヴェルである。そして、人びとの社会関係を更新するパワーがある。

実際、イスラム教の場合、新しい税を設けている。異教徒に対する宗教税。イスラム教徒の義務としての税。メタレヴェルの新しい言語ゲームが始まったと思うから、人びとはこれまでになかった新しい税を受け入れるのだ。

家産官僚制

ヴェーバーの『支配の社会学』の、もうひとつの重要な概念は、行政幹部である。

支配はドイツ語で、Herrschaft。ヘルHerrとは、「主人」のことである。だから支配とは、「主人であること」という意味である。

主人は臣下を従えている。主人と、それに従う人びとのつくる秩序が、支配である。政治や権力の原型だ。

＊

さて主人（支配者）は、一人では支配ができない。主人の周囲にあって、主人を支え、主人の指示に従い、さまざまな業務を行なう人びとが必要だ。ヴェーバーは彼らを、行政幹部とよんだ。

行政幹部は、フルタイム（専任）の仕事である。主人（支配者）に従うことで、生活の糧をうる。ヴェーバーはこれに、さまざまなタイプがあることに注目して、支配の「諸類型」を整理した。行政幹部がどのように報酬をえるかによって、支配のあり方が異なるのである。

＊

支配者（君主などの統治者）が臣下に報酬を与える方法というと、現代人は俸給をまず思い浮かべる。現金を与え、それで生活資材を購入するのである。でも、こういう方法は歴史上、あまり一般的でなく、どちらかと言えばごく新しいやり方だ。

ヴェーバーの議論のなかでは、家産官僚制（Patrimonialbürokratie）が重要である。ピントを合わせにくい概念だが、おおよそこういうことだ。

支配者が、支配を進めるため、自分の使用人や従卒や部下など、適当な臣下を職に任じる。支配者は、財政に余裕がないので、臣下に土地を預けて、その収穫を報酬としてよいとする。土地は、臣下が管理するうち、臣下の私有地のようになっていく。あるいは、臣下に何かの職権を任せて、その職権にともなう利権を報酬としてよいとする。その職権もやがて、その臣下の占有物であるようになっていく。この状態はさらに進んで、臣下は土地や職権を、子どもに相続させるようにもなる。相続できるのであれば、もともと支配者のものであった土地や職権は、もう臣下が私有していると言ってもいい状態だ。この段階では、臣下は支配者にひき続き従属しているかもしれないが、独立性を高めていて、支配者の指示にいちいち従わない状態になるかもしれない。つまり、官僚制とは名ばかりの官僚制だ。

＊

なぜ家産官僚制になるのか。支配者が、税を集める能力がないからだ。人びとが、税を支払うつもりがないからだ。だから資金が不足している。そこで、行政幹部に、支配者の仕事の一部を丸投げする。そこで、一般の人びと→行政幹部→支配者、という税の（そして支配の）階段状の構造ができあがる。これは、はじめからそうデザインしたものではない。行き当たりばったりで出来上がったものだ。

要するに、家産官僚制は、王なしの互酬的な社会（贈与と交換のネットワーク）でもなく、王のいる社会（王が超越的な存在で、税を集める）でもなく、その中間のあり方である。税は、税なのか収奪なのか、はっきりしない。支配は、統治なのか暴虐なのか、はっきりしない。

＊

古代や中世には、こうしたあいまいな性格の支配の「諸類型」がしばしば現れる。たとえば、日本の平安から鎌倉、室町にかけての時期にも、家産官僚制と言ってもいい実態があった。

社会ゲームから社会契約説まで

ヴェーバーの『支配の社会学』は、実証的な社会学の考察である。さまざまな時代にさまざまな地域で、実際に営まれた社会のパターンを、比較社会学の方法で整理する。対象とする社会が幅広く、それを整理するモデルがエレガントなので、社会学の古典となっている。

いっぽう、ホッブズの社会契約説は、実証的な社会の考察とは対極的な、理念的な権力についての考察である。これも古典の名にふさわしい。

＊

ここで、これまでの議論を整理してみよう。税と支配と権力をめぐる諸類型である。

社会ゲーム～家産官僚制～王のいる社会ゲーム～社会契約、は右から左へ、一列に並べることができる。

社会ゲーム　　人びとは贈与と交換の互酬性のなかで生きている
　　　　　　　権力があるという意識がない

～

家産官僚制　　税の行き先が多段階であいまいである
　　　　　　　権力がどこにあるのかはっきりしない

～

王のいる社会ゲーム　王は税を集め、官僚組織を通じて人びとを支配する
　　　　　　　権力があることが常識となる

～

社会契約　　社会契約は、王なしの「王のいる社会ゲーム」である
　　　　　　王の代わりに、契約と主権と税と官僚組織と法がある

ホッブズは、王のいる社会ゲームを、社会契約によって正当化しようとした。彼が念頭に置いていたのは、絶対王政である。絶対王政は、王のいる社会ゲームの完成形だ。

けれども、王は古代からいた。大規模灌漑農業や交易が広まれば、王は現れる。森林を開墾するかたちの農業は、税も現物で、家産官僚制をうみやすい。税と支配と権力が明快であるかを規準にすると、いま掲げたように並べてみることができる。

＊

ホッブズ以降の、近代を生きる人びとの常識は、社会契約説である。権力は可視化されるべきで、誰がどのような権力をもっているか、特定されるべきだ。権力それ自体は悪である。権力が働くのは、人びとの自由を守り、自由を損なわないという条件をみたす場合に限られる。などなど。

こういう常識は、歴史的である。王のいる社会ゲームを前提としてもいる。人間や社会の可能性はそれよりもっと広い。ヴェーバーの家産官僚制の概念は、近代の常識を、その外側に開いてくれる窓である。

これを踏まえて、言語ゲームと権力の関係を整理してみよう。

3・4　言語ゲームと権力

ゲームと暴力

言語ゲームは、人びとが自律的にルールに従うことで社会が営まれている、と考える議論である。人びとをとらえるのはルール（規則）であって、権力ではない。

いっぽう近代を生きる人びとに、権力は、たしかにそこにある実在である。法も、制度も、権力を前提に組み立てられている。

すると、言語ゲームとして社会をとらえ、記述する場合、権力がたしかに実在し機能することを、どのように論ずるかが問題となる。それは、原子や分子やタンパク質として生物を記述する場合、生命をどのように論ずるかという問題のようである。

＊

言語ゲームによって、権力をどのように論ずるか。

その準備として、言語ゲームによって、暴力をどのように論ずるかを考えてみよう。

＊

暴力は、相手の身体を侵害する行為である。殴る。傷つける。縛ったり苦痛を与えたりする。はなはだしい場合には、殺害する。

痛みや苦しみは、誰でも味わう感覚なので、理解可能である。ふつうは、マイナスの価値をもつ。暴力は、相手にマイナスの価値を与え、相手を否定することである。

暴力は、一般に、人びとの共存を脅かす、ルール違反である。まして、殺人は、重大なルール違反である。

暴力に、言語ゲームはどう対するか。それは、言語ゲームのなかの異物だ。ルール違反だ。言語ゲームの規則（ルール）からすれば、起こってはならないことである。しかしそれは、起こってしまった。起こった出来事を、取り消すことができない。

それは、補修することができるだけだ。補修とは、ルール違反にもかかわらず、言語ゲームを継続することである。

＊

暴力によって傷つけられ言語ゲームを補修する試みのひとつが、復讐の言語ゲームだった。

人びとは復讐に参加する。暴力に反対して、暴力を行使する。暴力を行使することが、ルール（規則）である。復讐に参加するとき、人びとはもとの言語ゲームからいくぶん外にはみ出している。それでも、この社会のゲーム（のルール）に内属している、と意識することができる。

＊

暴力は、言語ゲームを傷つける、言語ゲームの外にある出来事である。復讐の言語ゲームは、これにもうひとつの暴力を対置し、それを言語ゲーム（ルール）のなかに置き直すのだった。こうして、社会ゲームは補修された。

では権力は、言語ゲームの外にある出来事なのか。

ゲームと権力

権力は、さきほどの社会ゲーム〜家産官僚制〜王のいる社会ゲーム〜社会契約、のスペクトルでみたように、税にともなって明確なかたちをとる。

税は、一方向への義務的な資源の移転である。

一方向への資源の移転である点は、贈与と似ている。しかし贈与は、ほかの贈与と均衡し、もとの欠落を埋め合わせる円環として戻ってくる。つまり、交換の一部である。

税には、こうした性質がない。税は、不可逆である。税を支払う側／税を受け取る側、は非対称であって、逆転しない。

税として支払われた資源は、税を受取った側が、自由に処分できるものになる。つまりもう、税とはみえなくなる。自由に処分できるのだから、ふつうの財や資源として、人びとの営む社会ゲームのなかでふつうに効力をもつ。

＊

税として、貨幣を支払う。

貨幣は、交換の媒体で、支払い手段で、価値の尺度で、価値の貯蔵手段である。交換の媒体であるから、もともとは市場で商品を交換するのに用いた。その貨幣を交換ではなく誰かに渡せば、支払いである。贈与や賠償や、税の支払いに用いることができる。

貨幣は、税として支払われ、税として受け取られる。受け取られても貨幣は、貨幣のままである。だから、社会ゲームを生きる人びとに対して、交換の媒体や支払い手段として用いることができる。

これが、税を貨幣で集める目的である。

＊

税として、労役を提供する。

労役は、農地を耕作したり、土木工事に従事したりする労働である。労働はふつう、本人の活動である。いつどのように労働するか、本人が決める。だが、賦役や徴用のような労役の提供の場合は、税を課す側の要求によって、時期と内容が決められる。監督もされる。言われたとおりに、労働しなければならない。

労働は、本人の同意と自発性がなければ、労働として成り立たない。労働であるなら、社会ゲームのなかで価値をもつ。税として労役を用いる人びとにとっても有益である。

＊

税として、軍務を提供する。

軍務は、兵士として軍の一員となり、必要に応じて戦闘を行なうことである。指揮系統のもとに置かれ、命令に従わなければならない。従わなかったり、逃亡したりすれば、軍法で処罰される。自由はない。

戦闘は暴力の行使である。ただし、軍の戦闘は規律正しく行なわれるので、ルールに従った言語ゲームの一種である。その暴力は、社会の外にあるわけではない。

軍務の場合も、本人の同意と自発性がなければ、任務として成り立たない。任務を果たしている限り、兵士として有用である。支配者にとって有用である。

＊

共同体が戦争する場合、参加できる人びとはみな戦闘に参加した。それは、支配者（税を集めるひと）に対する労務の提供ではない。共同体の防衛のためであり、自らのためである。旧約聖書の士師記にあるように、臨時のリーダーが指揮官をつとめることもあったろう。共同体が戦争する場合、それは社会ゲームの一部である。

これに対して、支配者が率いる軍隊が戦争する場合、それは、人びとの社会ゲームから浮き上がっている。いつ誰と戦争するかは、支配者が決めるのであって、共同体の防衛とは関係ない。共同体から徴用されて軍務につく人びとは、命令に従うだけである。戦争に対して発言権がない。

＊

税はメタゲームをうむ

税はどのように、人びとのあいだに権力のかたちをうみだすのか。

ポイントは支配者（王）が、税を報酬に用いて、行政幹部とその部下や、軍人たちを従わせ、政府組織を編成し、軍隊を編制することである。

税は毎年、集められる。恒常的な財源だ。よって、政府組織も軍隊も、恒常的な組織である。支配者に従う彼ら（少なくとも、主だった人びと）は、フルタイムの職業的な行政幹部や軍人である。そして、政府組織や軍隊が恒常的な組織なので、毎年人びとから税を集めることが可能となっているわけでもある。

＊

行政幹部も、また軍人も、支配者（王）に服従し忠誠を誓う。支配者（王）から、彼らの報酬が与えられるからである。支配者（王）が死亡してもその子が地位を引き継げば、政府組織も軍隊も安泰である。つまり、税のメカニズムはひとつのマシーンのようで、それに関わる誰かや誰かが欠けたとしても、運動し続ける。

支配者（王）に対する服従。この服従は絶対で、そのほかの考慮から切り離される。王に服従する臣下には、出身地（故郷）も親族もあるだろう。友人や知人のネットワークもあるだろう。そのほかの利害や配慮もあるだろう。それらを差し置いて、王への服従を優先する。税が、こうした服従の絶対性をうみだす。

こうした服従は、行政幹部や軍人の職業倫理でもある。

ローマの百人隊長がイエスに頼んだ。部下が病なので、治るようひと言命じてほしい。「わたしも権威の下にある者ですが、わたしの下には兵士がおり、行けと言えば行き、来いと言えば来ます。また、これをしろと言えば、その通りにします。」イエスは感心してこう言った。「イスラエルの中でさえ、これほどの信仰をみたことはない。」（マタイ福音書8章5―10節）　軍人の職業倫理が、メタレヴェルに達することを示している。

＊

それまで人びとは、贈与と交換の互酬性のなかに生きていた。力のある者も弱い者もいて、みな平等というわけにはいかなかった。でも、例外的なメタレヴェルの存在（王）はいなかった。

王は、税をとる存在である。税を集めた王は、行政幹部や軍人など、服従者を従える。税として集めた資源を報酬として受け取る彼らは、王に服従し、王のもとに政府組織や軍隊をつくる。彼らは、贈与と交換の互酬性とは無関係に、王の命令に従って動く。それまでの社会に生きていた人びとには、メタレヴェルで動いているようにみえる。

こうして税は、人びとを二種類に分けてしまう。税を支払う人びとは、ふつうの社会を生きる。集めた税で生活する人びと(王のエージェント)は、メタレヴェルで生きる。同じ社会のなかで、社会の異なったループができる。

＊

こうした社会の状況を、王のいる社会ゲーム(S＋K)として、一三一ページに図示しておいた。税を踏み台に成立した、王のいる社会ゲーム。そこにはたしかに、権力が制度化され、社会を生きる人びとに対して権力が働いているようにみえる。ここでの言語ゲームと権力の関係を、どう整理できるか、さらに少し考えてみよう。

ルールに種類があるのか

権力は、どのように言語ゲーム(あるいは、人間のふるまい一般)に関係するか。

ひとつの可能な考え方。権力は、暴力を操作し、その暴力を通じて、言語ゲーム(の集まりである社会ゲーム)にはたらきかける。言語ゲームには、欠陥が内在していて、そのようなはたらきかけを必要としている。権力(と暴力)は、社会ゲームを完全にするために存在しているのだ。

言語ゲームの「欠陥」とはなにか。言語ゲームにつきものの、ルール違反である。

ルール違反は、ヴィトゲンシュタインの『哲学探究』でも繰り返し出てくる。だが、詳しい体系的な考察が加えられているわけではない。

＊

その後、ジョン・R・サールが『言語行為』で、ルール(規則)の問題を掘り下げた。サールは規則に、構成的規則(constitutive rules)／規制的規則(regulative rules)があるとした。構成的規則は、文法の規則や論理学の規則、魚釣りのやり方のようなたぐいの規則である。それを守らなければ、言葉を用いたり論理を組み立てたり、行為の所定の目的を達成したりできない。いっぽう規制的規則は、赤信号なのに横断歩道を横断したり、名誉棄損にあたるような発言をしたりすることである。取り締まりが必要な犯罪もこれに入る。規制的規則に反しても、行為は行為として成立してはいる。ただしサールは、実際にはどちらともつかない規則もあるかもしれないと、慎重なコメントもしている。

＊

人間は、犯罪を犯すこともできるし、犯罪を犯さないこともできる。犯罪を犯したあとでも、人間である。

人間は、重篤な精神病になって、思考することもさまざまな行為をすることも困難になる場合がある。人間であることの危機である。

前者が規制的規則に対する違反で、後者が構成的規則に対する違反である。——そのように考えることもできそうだ。

だが、ヴィトゲンシュタインはそんな区別をしなかった。ルール違反が、ルール（に従う言語ゲーム）そのものを脅かす可能性に、注意を向けたからであろう。以下、この方向でしばらく考えてみよう。

ルール違反はゲームを壊すか

髪がふさふさのひとが、一本ずつ髪の毛を抜いていったら、いつから禿げになるのか、という問題がある。

人びとがルールに従っているとして、ルール違反が増えていくと、いつからルールが存在しないことになってしまうのか、という問題がある。

生命は大事である。殺人はいけない。けれども、あまりしょっちゅう殺人が起こる社会があるとすると、生命を守るというルールが成り立っているのか、疑わしくなる。

所有は大事である。泥棒はいけない。けれども、あまりしょっちゅうモノが盗まれると、所有権が意味があるのか、疑わしくなる。

未成年の喫煙はいけない。未成年者喫煙禁止法という法律がある。けれども私が学生のころ、大学に入学するとたんに、新入生はみなすぱすぱタバコを吸い始めた。まだ十八歳なのに。未成年者喫煙禁止法は、有名無実になって、法律の効力があるのか疑わしくなる。

泥棒の場合はどうか。泥棒は、モノを盗んだあと、換金する。これは自分のモノですから、買ってください。現金を盗んだ場合は、自分のポケットに入れて生活費にする。ポケットの現金が奪われれば、ドロボーと叫ぶだろう。泥棒は、所有権の言語ゲームのルールに違反するが、完全にその外に出てしまっているわけではない。

殺人はどうか。誰かを殺すひとも、たいてい、自分が殺されては困る。殺人者だとわからないように、何喰わぬ顔で過ごしている。

未成年者の喫煙の場合と違って、泥棒や殺人は、社会全体をルールなしの状態に突き落とすことはまずない。社会は、泥棒や殺人がたまにはありつつも、おおよそはルールに従って存続する。

警察と軍と司法

社会ゲームは、ルール違反から復元する力をもっている。ルール違反があっても、社会ゲームとして存続する力をもっている。

誰かが殺された。犯人も判明した。そのとき、なぜ人びとはアクション(たとえば、復讐)に立ち上がるのか。それは、殺人が犯罪で、許せないルール違反であることを、表現するため。そして、人びとに保護と安全と安心を与えるためだ。犯人を捕え、責任を償わせる。それは、正義である。

社会ゲームはこのように、ルール違反を補修するゲームを並行して走らせることができる。その場合、暴力はメタレヴェルにない。人びとの手のなかにある。言うならば「自力救済」である。

＊

王のいる社会ゲームは、警察と軍と司法を通じて、正義の実現を手中におさめる。社会を生きる人びとの「自力救済」を禁止する。殺人などの暴力は、相変わらず発生し続けるだろう。けれども、それに対抗する「正義の暴力」が、王でない誰かに担われることを禁ずる。これが、王の統治の本質である。

警察と軍と司法というが、単純なタイプの王制では、未分化で一体になっている場合もある。ともかく、彼らは王の臣下（エージェント）で、王からの報酬を受け取り、王に忠誠を尽くす。法を適用して、正義を実現せよ。これが王の命令だ。

社会を生きる人びとは、正義を実現するための対抗暴力をとりあげられた。そのため、暴力に対抗し正義を求めるためには、王（の臣下）に依存しなければならなくなる。

*

それは、こういう現象と似ていないか。

日本には昔、寺子屋や塾があった。民間の教育施設である。社会は、教育のメカニズムを内蔵していた。教育の費用は、人びとが自弁し、税金が関わることはなかった。

ところが明治になって、公教育が始まった。人びとは、公立の小学校に通うよう強制され、寺子屋や塾や女紅場《じょこうば》（裁縫などを教える女子教育施設）は廃れていった。公教育がすべての教育機会を独占し、公教育には税金が投入された。

人びとは教育サーヴィスを享受する。それが、税金を払う理由（のひとつ）である。けれどももともと、教育を自弁していた。政府に公教育の機会を与えてもらわなくてもよかった。教育に関して、社会ゲームは自律していた。でもそれが、もうみえなくなった。

これと似たようなことが、暴力の場合に起こっているのかどうか。

暴力は移転するか

王のいる社会ゲームは、社会ゲームの自律性と自己修復能力に介入し、それを奪ってしまう。王は、税をとる。税は確かに、資源の移転である。穀物や、貨幣や、労役や、そのほか有用な資源が、社会ゲームを生きる人びとのもとから、王の支配下に移行する。

王は、暴力を独占する。暴力はもともと、社会ゲームを生きる人びとの手元にあった。正義のため、自力救済のため、それは慎重に行使された。その暴力は、禁止された。いかなる暴力も、王と無関係に行使される場合は、犯罪である。犯罪に対しては、王の暴力が発動される。それは正義である。こうして、社会ゲームの暴力は消えてなくなり、それと同時に、王の手元に暴力が握られる。

これは暴力が、税の場合に資源が移転するように、移動したのだろうか。社会を生きる人びとの手元から、王の手元に。

暴力は移動しない

暴力は、移動しない。

暴力は、その場で消費される。

暴力は、他者の身体を侵害するという「出来事」である。モノのようにそこにあるわけでも、資源のように移転できるわけでもない。

社会的装置としての暴力は、暴力そのものではない。暴力の可能性である。暴力を行使しようとする用意のある人びとのことである。警察や軍隊は、そうした人びとの組織である。そうした組織は、暴力装置としてそこにある。

＊

王のいない、シンプルな社会ゲームは、対抗暴力をそなえていることもあった。その暴力は、社会ゲームを生きる人びとが、共に担っていた。

王のいる社会では、対抗暴力の行使は犯罪である。取り締まられる。それにはまず、暴力をのこらず禁止する法が制定され、人びとに周知されなければならない。そこで、暴力をルール違反（犯罪）として追及すること（対抗暴力）が、「正義」だと主張できる。

社会ゲームの側では、暴力（対抗暴力）が消滅し、王の側では、暴力（対抗暴力）の可能性が出現する。しかもそれは、関連していて、双方で同時に起こる。そこで、あたかも暴力（対抗暴力）が、社会ゲームの側から王の側に、移転したかのようである。

＊

よくある手品。右手にコインを握る。左手は何も持っていない。アブラカダブラ、と呪文を唱えると、あら不思議。右手のコインはなくなって、左手にコインがある。コインは右手から左手に移動した！

実際には、右手のコインはどこかに隠されて、左手のコインは別の場所から取り出された。そのトリックのせいで、それが移動にみえる。

右手から左手に

実際に起こっているのは、つぎのようなことであろう。

a．税として、資源が、社会ゲームの側から、王の側に移動した。

b．それを報酬に、王が専任の軍や警察や司法を組織した。

c．王は、法を制定して、軍や警察や司法の暴力を、合法で正義だとした。

d．王は、法を制定して、それ以外の暴力を、非合法で犯罪だとした。

e．軍や警察や司法は、職業倫理をそなえた、正義のための暴力装置となった。

右手にあったコイン（社会ゲームの側の対抗暴力）は、消え失せ（d）、代わって、左手にコイン（王の側の対抗暴力）が現れた（e）。人びとは、トリックに欺かれて、暴力が「取り上げられた」と思う。

＊

社会ゲームの側の対抗暴力と、王の側の対抗暴力は、どこが違うか。

暴力という点では、同じである。

暴力は、誰かの身体を侵害する出来事である。暴力が生起する可能性を、社会ゲームの側も、王の側も、そなえている。必要なら、暴力を行使する用意ができている。

けれども、違う点がある。

社会ゲームの側では、暴力（反対暴力）は、人びとによって担われる。ルールに従い、「復讐のゲーム」のようなかたちで実行される。暴力の行使を、その外側から誰かが自分の意思によってコントロールすることはない。

王の側では、暴力は、王のエージェント（軍や警察や司法）によって担われる。彼らは王の命令によって、暴力を行使する用意ができている。王が法に従って、正義を実現するために暴力を行使するよう命じるならば、それは、反対暴力である。

けれども、必ずそうであるとは限らない。王は法を無視するかもしれない。正義の実現とは関係ない理由で、暴力の行使を命じるかもしれない。王は、暴力の行使に関して、意思決定の自由を持っている。そして、王が命じた内容を、王のエージェントは実行する。彼らは、王の命令の内容が、法に従っているか、正義にかなっているか、いちいち判断しない。むしろ、王の命令に従わないことは、不法であり犯罪になる。処罰の対象になる。王のエージェントは、王のマシーンである。（つねにそうであるわけではないが、いま、理念型にそって話をしている。）

組織的な暴力の行使が、特定の誰かの意思に委ねられていること。これが、王のいる社会ゲームの特徴である。

暴力と量子

暴力は、発現するときには、誰かの身体を侵害する。

暴力の可能性は、出来事としては観察できない。暴力を行使する用意のある状態、として観察される。しかもそれが、正当なことだと人びとが認識していることが大切だ。

＊

暴力の可能性と発現について。

武士は日常、刀を差していた。主たる武器だった。領地では戦闘の義務と裁判権をもった領主だった。次第に刀は、その権限の象徴となった。

武士は身分だから、領地がなくなっても武士である。農民や商人が刀を差すことはできない。

武士は、領地を安堵してもらえることと引き換えに主君に仕え、大きな武士団を形成した。やがて大名の家臣となり、城下に集住した。領地と切り離され、知行は名目で、俸禄を受け取った。それでも刀を差していたのは、領地を支配し、暴力を行使する用意があることの象徴である。

武士は、自力救済を原則にしていた。理屈で言えば、自分の判断で暴力を行使し、正義を実現する権限があった。明治になると、四民平等と廃刀令が布告され、刀を携帯する習慣はなくなった。

＊

アメリカでは、銃器の携帯が合法である。合衆国憲法の修正二条で、銃器を携帯する権利が保証されている。

植民地の農民は、銃を携えて耕作した。フランス軍やインディアンの襲撃を受けたからだ。独立戦争の際は、民兵(ミリシア)として戦った。市民の武装は、専制に対する抵抗権の裏付けである。そして、アメリカの民主主義の源泉である。

アメリカでは、市民が銃器を携帯している。武士が刀を差していたように、暴力の可能性を手にしているということだ。それは不法ではない。そして、暴力そのものではない。銃器を使用するには、正当防衛など、きわめて厳しい法の規制がある。自力救済の権限は原則として、ない。この点が、武士の場合と異なる。

＊

武士とアメリカの市民は、異なっている。けれども、暴力の可能性に開かれている、という点は共通している。

暴力の可能性はなぜ、現実化しないのか。それは、武士も市民も、暴力の可能性を可能性のままに止めておく、強い意思と倫理をそなえているからだ。

暴力の可能性が可能性のままに、厳しく止めおかれている。それが正しく発現するときまで。これは量子コンピュータが、ミクロな量子をひと粒ずつ操作して、量子のままに止めておく精密さを連想させる。精密に操作されるからこそ、それを組み合わせることで、大きな能力をひきだすことができるのだ。

＊

王のいる社会ゲームでは、王は税を集め、臣下(エージェント)を服従させて、暴力装置を形成した。それが、適切な場合に暴力を発現するためには、それ以外の場合に暴力の可能性の範囲に厳しくとどめておかれなければならない。暴力の可能性が量子のように、可能性のままにあり続ける。その制御の確かさが、王制の土台となっている。

王のいる社会ゲームから社会契約へ

社会契約の特徴は、王がいないことである。

厳密に言えば、王はいてもよい。ホッブズの議論でも、社会契約によって樹立されるのは王権だった。社会契約が大前提で、王権はその帰結である。その順序さえはっきりしているなら、王はいてもよい。

裏返して言えば、社会契約が大前提なので、王はいなくてもいい。王をなしにした社会ゲームが、法治国家であり、近代の民主主義なのである。

＊

王のいる社会ゲームから、社会契約へ。あるいは、王をなしにした社会ゲームへ。

この変化の、行き着いた先が近代社会である。

どのように、この移行が可能になったのか。ポイントは、法律である。

王のいる社会ゲームでは、暴力を行使するかどうかは、王の手に握られていた。軍や警察や司法などの暴力装置は、法と王の命令のもとにあった。だが、王は法のもとになかった。法のもとにない暴力の可能性は、人びとに対して圧力を与える。人びとはこれを、権力だと感知する。

社会契約は、この王を、法の支配に服させようというアイデアである。その契約が、具体化したのが憲法だ。憲法は、さまざまな政府機関を存在させる。軍や警察や司法、すなわち暴力装置も、法律によって存在する。暴力を行使するかどうかの決定は、誰か(たとえば、王)の決定に委ねられるのではなくて、法(ルール)に回収される。暴力が、誰かの意思によってではなく、法によって行使されるのなら、それは権力ではないはずだ。

＊

社会契約は、王のいる社会ゲームに反対して、権力をなしにする試みである。ルール違反の暴力が社会ゲームを脅かしたとき、人びとは立ち上がって対抗暴力を行使し、暴力をルールのうちに閉じ込めようとした。復讐のゲームである。

王のいる社会ゲームは、暴力装置をそなえている。そのことで、社会ゲームを権力(誰かの意思が暴力を行使する可能性)で脅かしている。それに対して憲法は、法の網の目を張りめぐらすことで、恣意的に誰かが暴力を行使する可能性を、ルールのなかに閉じ込めることができるのか。復讐のゲームが、暴力をルールのなかに閉じ込めたように。

＊

権力と暴力とルール(法)の関係を、ここまで考え進めてきた。

ハートは『法の概念』で、発達した法のシステムを、一次ルールのうえに張りめぐらした二次ルールのネットワークとして描いた。近代社会が、法の循環として閉じているというイメージは、権力をルールで閉じ込められるか、という問題設定と共通している。

権力と暴力のルール(法)の関係を、さらに追究していこう。

第4章
権力とルール

この章では、言語ゲームとルールを手がかりに、近代社会の権力について、さらに考察したい。権力にはさまざまな定義がありうるのだった。

本章でまず検討するのは、マックス・ヴェーバーの権力の定義である。

ヴェーバーによる定義

社会学者ヴェーバー(Max Weber 1864-1920)による権力の定義は、あまりに有名だ。『経済と社会』の第一章一六節に出てくる。

> Macht bedeutet jede Chance, innerhalb einer sozialen Beziehung den eignen Willen auch gegen Widerstreben durchzusetzen, gleichviel worauf diese Chance beruht. (Df. G)
>
> … Max Weber: *Wirtschaft und Gesellschaft.* Kapitel 1, § 16.

ドイツ語なのに、chanceという外国語（英語）を使っている点が、注目される。それだけ微妙な概念だ、ということだ。

日本語に訳してみると、こうである。

> 権力とは、ある社会的関係のなかで、自らの意思を、たとえ抵抗があろうとも押し通すことができるあらゆる機会のことをいう。この機会は、何にもとづくのでもよい。（Df. J）

ヴェーバーのこの定義（G、J）は有名である。社会学、政治学をはじめ多くの研究者に受け入れられ、影響を与えて、共通了解になっている。この定義をめぐる議論も多くある。ただ、ヴェーバーのその先に突き抜けるようなものは、見たことがない。

定義を読み解く

定義の要点を確認しておく。

まず、この定義は、二者関係である。「ある社会的関係」とあるから、権力を及ぼす用意のある誰か（M）と、権力が及ぼされようとしているもうひとりの誰か（m）とが、ある社会的関係（sB）に置かれているところを考えている。Mを権力者、mを被権力者、とよぶことにする。

権力者（M）は、一人である。「自らの意思」が、単数形だからである。

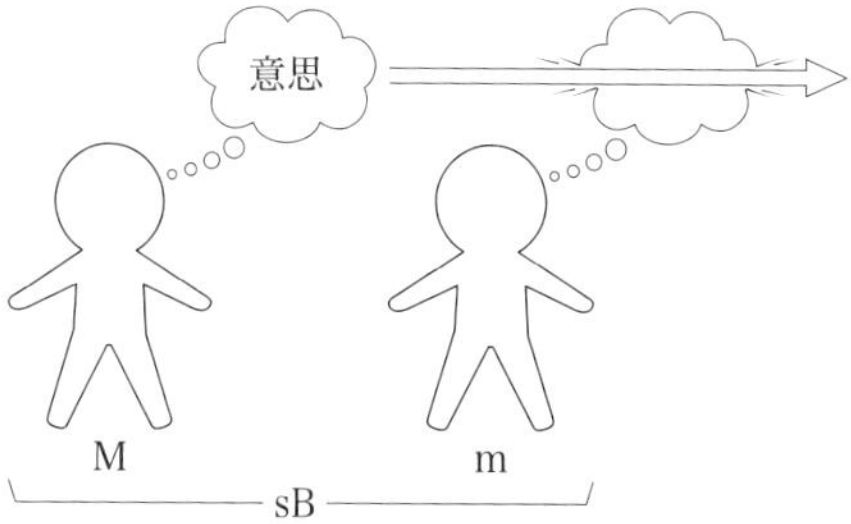

ヴェーバーによる権力の定義

被権力者(m)は、一人でなく複数でもよいかもしれない。その場合は、権力者(M)からその一人ひとりに対して、権力が及んでいる(つまり、二者関係の束である)と考えるのだろう。

権力者(M)がなぜ、被権力者(m)に権力を及ぼすことができるかと言えば、両者が「ある社会的関係」(sB)に置かれているからである。たとえば、王と臣下、指揮官と兵卒、上司と部下、などなど。この関係に置かれていることが、権力者(M)が権力を行使できる理由である。

すると、この社会的関係(sB)がどんなものなのか、気になる。ヴェーバーは「ある社会的関係」とのべるだけで、それ以上特定していない。

＊

権力は「抵抗があろうとも」貫徹する、とある。被支配者は(m)は、抵抗するかもしれないし、抵抗しないかもしれない。かりに抵抗するとしても、それをものともせず、権力者(M)は自らの意思を押し通すことができる。

抵抗しない場合、いわば同意や黙認があるわけだから、権力者(M)の意思が通るのに不思議はない。

抵抗する場合。被権力者(m)はなぜ、抵抗するのか。彼(女)には彼

（女）の意思があるからである。権力者（M）が自分にさせようとしていることは、自分の意思どおりでない。だから、抵抗する。それでも押し切られてしまう。それはたぶん、権力者（M）と被権力者（m）の意思が食い違った場合には、権力者（M）の意思の通りになると、社会的関係（sB）によってあらかじめ決まっているからだ。

ヴェーバーの定義（G、J）は、権力がどのようなものかを記述している。権力と権力でないものを、この定義によって判定できるかもしれない。

けれども、権力がなぜ権力であ（りう）るのかを、この定義は説明していない。その意味では、あいまいな定義だ。

＊

もうひとつ、確認しておくべきこと。この定義によると、権力は、「意思と意思との関係」だということだ。

権力は「自らの意思を押し通す機会」だという。いっぽうの焦点が、権力者（M）の意思が実現するのかどうか、であることは明らかだ。そして、もう一方の焦点が、「抵抗があろうとも」それが実現できること。抵抗とは、権力者（M）の意思に対抗する被権力者（m）の意思にほかならない。すなわち、被権力者の意思があるとしても、それが「無視できる」場合、あるいは「問題にならない」場合のことを言っている。

一般に、人間は、意思をもつ。意思のとおりに、行為することができる。身体を動かしたり、発言したりできる。意思とは、自由のことだと言ってもよい。

意思は、いつも実現するわけではない。ある場合に実現し、ある場合に実現しない。すなわち人間は、ある場合に自由であり、ある場合に自由でない。

そして誰かの自由と、別な誰かの自由は関係する。誰かが自由であると、別の誰かが自由でない。誰かが自由でないと、別の誰かが自由である。二人が、ひとつしかないモノを取り合うときなど。

ヴェーバーがいうのは、権力は、そうした意思と意思(自由と自由)の特別な場合である。ある社会的関係(sB)のもとでは、誰か(M)が自由であるなら、別の誰か(m)は自由がなくなる。誰か(M)の意思が、自ら(m)のうえに実現してしまうからである。

権力があるときには、別の誰か(m)の自由がなくなる。権力がないときには、自由がなくなるわけではない。

自由を光とすれば、権力は闇だ。闇があるなら、光はない。闇と光が背中合わせであるように、自由と権力も背中合わせである。ヴェーバーの定義は、この関係を言い換えたものになっている。

*

ヴェーバーのねらい

ヴェーバーの定義を、多くの社会科学者が便利に使っている。

それは、ヴェーバーの定義が、多くの人びとが抱く権力の概念と、よく重なっているからだ。そこで、社会学でも政治学でも、定説のようになっている。

ヴェーバーの権力の定義は、何を狙ったものだったか。

ヴェーバーのだいぶ前には、社会契約説があった。ホッブズの議論だ。近代社会の権力の古典理論である。ここでは、人びとの意思が合成される。否定はされない。人びとの集合的な意思から、権力が順接のかたちで導かれる。

ヴェーバーの少し前には、マルクスの議論があった。社会契約説流の権力の古典理論に対する異議申し立てである。ここでは、権力は、人びとの意思を否定するために現れる。権力と人びとの意思とはむしろ逆接する。

ヴェーバーは、近代社会を生きている。しかし、社会学者として、近代をさかのぼるさまざまな社会を比較し、理解してもいる。社会の実態が、社会契約説に収まらないことをよくわかっている。

＊

そこでヴェーバーは、実証的な検証にたえる議論を構成しようとした。普遍的で操作的な概念をたて、そこからモデルをつくり、さまざまな社会のあり方を説明しようとした。その概念のひとつが、この権力の定義なのである。

この定義では、意思と意思が整合せず、逆接の関係で結びついている。またこの定義には、あいまいな余白（「ある社会的関係」の部分）が残されている。その余白を具体的な前提で埋めて、社会的関係が伸び拡がる様子を具体的に描こうとしたのが、支配の社会学であったろう。

強盗は権力か

ヴェーバーの定義（G、J）のストライク・ゾーンを確認しよう。

強盗は、権力をふるうのか。

＊

旅をしていて、強盗に出くわした。金を出せ。誰もいない街道で、相手は刃物をもっている。旅人は、所持金を渡す。よくあるパターンである。

旅人と強盗は、互いに見ず知らずである。なんの「社会的関係」もない。そして強盗は、「相手の抵抗をものともせず」金を奪うことができる。刃物を使うことを、躊躇しないだろう。刺されて金を奪われるより、刺されないで奪われるほうがまだましだ。旅人はそう思って、所持金を渡す。この二人の関係は強いて言うなら、この場で成立した「旅人と強盗」という社会的関係だ。

だがこれは、社会的関係だろうか。

この二人は、出会った瞬間に、旅人と強盗になった。それまでにどんな関係もなく、そのあともどんな関係もない。この場がすべてである。「ある社会的関係」が強盗の「権力」をもたらしているわけではない。むしろ、暴力の可能性が、強盗の「影響力」をもたらしているだけではないか。

＊

旅人と強盗の例は、ヴェーバーの定義する、権力にあてはまらないだろう。「ある社会的関係」を想定していないからである。強盗は、旅人の「抵抗をものともせず」「意思を押し通して」いる。でもそのことは、この場を成り立たせる要因ですべて説明できる。この場に現れない「ある社会的関係」を参照する必要がない。

ヴェーバーの直観は、こうである。旅人と強盗は、暴力の問題だ。あるいは、暴力の含意（比喩）の問題だ。権力はそれと違って、安定した「ある社会的関係」が成立している場合の話である。「ある社会的関係」は、その場の暴力(の可能性)に還元できない。

＊

暴力によるのであれ、何によるのであれ、いっぽうの意思が相手の意思を拘束し否定するのなら、それは権力である、という考え方もある。たとえば、宮台真司『権力の予期理論』(勁草書房、一九八九年)はそうした考え方に立っている。

こうした考え方の場合、権力は最終的に、暴力から派生するのだ、と想定してみることも可能になる。マルクスも、そうした考え方に立っている。

マルクスの権力論

マルクスの議論は、マルクス主義を通じて、人びとに広く知られている。

そのあらましはこうだ。復習しておこう。

＊

人類の歴史は、階級闘争の歴史である。

どの時代にも、階級対立がある。それは、私的所有の始まりとともに古い。階級対立はいっぽうが他方を収奪し支配する、非和解的な敵対関係である。

そのため支配階級は、暴力装置(軍隊や警察)をもっている。階級闘争を抑圧するためである。こうして成立する社会秩序は、むき出しの暴力か、それを背景に隠した権力かによって、支えられている。

近代社会も例外ではない。社会は一見平和な法秩序をまとっている。けれどもその本質は、支配階級の権力、そして暴力である。

こうした社会の真実の姿を覆い隠すため、支配階級(ブルジョワジー)はさまざまなイデオロギーをふりまく。階級闘争など存在しない、とするブルジョワ・イデオロギーである。マルクス主義以外の考え方はみな、ブルジョワ・イデオロギーなのである。

＊

そこで、マルクス主義からみれば、ヴェーバーの社会学はブルジョワ・イデオロギーである。権力の定義をみればわかる。権力の本質が暴力であること、そこから権力が派生すること、を明記していないからだ。

だが、ヴェーバーの定義を、マルクス主義に合うように、つくり変えることはできる。「ある社会的関係」に、法律や制度や軍隊を代入し、その背後に暴力を置けばよい。カリスマから出発する支配の社会学に代えて、暴力から出発するマルクス主義の権力論を採用すればよい。

＊

ヴェーバーは、こうしたことを意識しながらも、マルクス主義と一線を画した。権力には、暴力と異なる、権力の本質があると考えたからである。

フーコーの権力論

マルクス主義の権力論は、二〇世紀の半ばには説得力をもたなくなった。ひとつは、近代社会(民主主義と資本主義）を正当化しない議論であるため。もうひとつは、権力に反対するはずの共産党の対抗権力が、もとの権力にくらべてもっと問題含みであるため。

そこで人びとは、マルクス主義から距離を置いた。そのうえで、やはり権力を批判的に考察できないかと考えた人びともいた。フーコーの議論も、そのひとつである。

＊

ミシェル・フーコーは、『言葉と物』『知の考古学』『監視と刑罰』『性の歴史』などで、言語のあり方と権力について、独創的な考察を繰り広げた。

その権力論は、おおよそ以下のようである。もう一度、確認しておこう。

- 権力は、社会のいたるところに満ちている。
- 権力は、人間から人間に作用するのではない。
- 権力は、出来事に作用する。
- たとえば言語（言表）は出来事である。権力が働くと言表は独特の配列をとる。
- 告白や監視の制度も権力である。内面を独特に編成して主体とする。
- 権力の作用は実証できる。でもその作用がどこから来るのか特定できない。
- 権力は時代により、作用を変える。人びとの思考や行為も、異なって形成される。
- 権力そのものが何であるかを、語ることはできない。

これはひと口で言えば、権力についての不可知論である。その正体を、定義も考察もできないのだから。そして、神秘主義である。知りえないものが実在すると考えるから。

＊

フーコーの議論は、マルクス主義が有効でなくなった、残念だ、という気持があふれている。そして、フーコーの権力論には出口がない。

フーコーの権力論を語り回ることは（フーコー本人は、ではない）、スノビズムである。人びとが知らないことを語る優位に満足するから（私はフーコーのことを知っています、偉いでしょう）。そして実際には、ただの相対主義である。近代の制度や権力のなかに生きていて、それにコミットすることも、それを批判することもできないのだから。

フーコー本人は、ぎりぎりの場所で、創造的な思索の臨界をたどり切った。ただなにかの加減で、彼が思ったとおりの場所に出ることができなかったのである。

行為の概念

ヴェーバーは『社会学の基礎概念』で、行為とは何かを素描している。

そこで重要なのは、「理解」を強調していること。行為の外形（身体の動き、など）を観察することは、行為を特定するのに十分ではない。行為にはかならず、行為を行為たらしめる、行為者の「思念された意味」（gemeinter Sinn）がともなっている。観察者がその意味を取り出したとき、行為は行為として「理解」されるのだと。

出典を示すと、以下のようである。

Soziales Handeln... soll ein solches Handeln heißen, welches seinem von dem oder den Handelnden gemeinten Sinn nach auf das Verhalten anderer bezogen wird und daran in seinem Ablauf orientiert ist.

... Max Weber: *Wirtschaft und Gesellschaft.* Kapitel 1, § 1.

日本語に訳してみると、こうである。

社会的行為…とは、行為者（または、行為者ら）によって思念された意味に従って、他者の行動に関連していて、その最中にもこれに方向づけられているような行為のことをいう。

ヴェーバーはきわめてまともなことを言っている。

ただしこれが書かれたのは、一世紀以上も前である。ソシュールの言語学も広く知られていなかった。言語や意味についての科学的な研究も、ほとんど利用できなかった。だからごく素朴な主張なのは、無理もない。

＊

ヴェーバーは、行動ではなく行為から、社会は組み立てられるのだと考えた。行動は物理学(自然科学)的なレヴェルの概念である。いっぽう行為は、社会学的なレヴェルの概念である。行為のこの定義が成立することで、社会学は、自然科学と違ったレヴェルで、成立する。

この行為の定義は、権力の概念が、社会学のレヴェルで成立するかどうかと関係する。暴力はとりあえず、物理学的なレヴェルの概念である。それと異なるレヴェルに権力の概念が成立できるのは、行為がそもそも意味をもった、社会学的な概念だからだ。

そこで、ヴェーバーの行為の概念に問題がないのかどうか、もう少し追ってみよう。

木を切る

ヴェーバーがあげている例のひとつが、木を切る、である。

ある男が木を切っている。それは、みればわかる。しかし観察者には、その理由がわからない。怒ってむしゃくしゃして、八つ当たりしているのか。木を切り倒して市場で売って、生活の足しにするためなのか。あるいは、それ以外の理由があるのか。

ヴェーバーは、こうした動機や意図がわからなければ、行為の成立を説明できず、行為を意味連関の文脈に置くことができず、行為を記述できない、とする。これもまあ、うなずける。

フェルディナント・ホドラー「木を伐る人」(大原美術館提供)

＊

行為「木を切る」が成立する裏には、「行為者の思念された意味」がある。行為する当人がどう思っているか、ということだ。

ここに問題がある。

a．当人が、こういう「思念された意味」をもって行為します、と申告するわけではない。

b．仮に申告したとして、それが真実であることを、確認する方法がない。

c．当人が、正しいその行為の意味を「思念」しているのかわからない。その意味について、無意識だったり、誤って「思念」していたりするかもしれない。

さらに、もっと根本的な問題がある。

d．観察者が、当人の「思念された意味」をなにかのやり方で知ったとして、それが、当人の「思念された意味」と合致していることを、保証する方法がない。

問題のなかでは、d．がもっとも悩ましい。

＊

このような困難はなぜ、生じているか。

自然科学では、こうした問題は生じない。自然科学は、モノを扱う。モノは、経験し観察するとおりの存在として、そこにある。そこには、「思念された意味」のように、観察された事実の「背後」にあたるものがない。（モノの性質の背後に、なにかの要因が隠されていたとしても、それは科学者が仮定すればすむ。たとえば、質量のように。）

ところが社会科学は、モノではなく人間や社会を扱う。人間は、経験し観察できる以上の存在として、そこにある。そこには、「思念された意味」のように、行為の背後に決定的な要因がある。それは、自然科学の経験科学的な方法では、うまく扱えないのだ。

ヴェーバーが、それを想定したのは正しい。だが、それを操作する方法を提案できていない。

殺意とはなにか

ヴェーバーは、行為者の「思念された意味」を取り出すことが、理解社会学（これからあるべき社会学）だと考えた。

だが、実際に営まれている社会は、そのようにできあがっていないのではないか。行為の意味は、行為の当事者が特権的に知って（思念して）いることではなくて、もっと客観的に存在しているのではないか。

こう考えるなら、理解社会学を、もう少しましな研究プランに組み換えられる。

＊

法廷で、殺人事件が裁かれるところを考えてみる。

被疑者（犯人）が逮捕され、取調べを受け、起訴された。検察官が法廷で、被告人の有罪を立証する。弁護人が、無罪を主張する。裁判官（あるいは、陪審員）が、検察側の立証が成立したかどうかを判断して、有罪か無罪かの判決を下す。

刑事犯罪には、構成要件というものがあり、それらが揃ってはじめて犯罪が成立する。殺人罪であれば、「人間」を「死亡」させるのでないとだめだし、凶器などの物証や動機の解明も必要だ。そこで重要なのが「殺意」だ。殺意とは、殺そうという意思のこと。殺意がないなら、人が死んでも、傷害致死（殺すつもりはないが殴ったら死んでしまった）とか、過失致死（うっかりして死なせてしまった）とかになる。

「殺意」をどう証明するか。殺意は、行為者の「思念された意味」である。殺害行為に先立って、「殺してやろう」という意思を、当人が抱いていなければならない。当人の意思なら、当人に聞いてみればいいか。当人以外に誰が、それを知りうるか。当人にしかわからないなら、法廷で殺意を立証することはできないのではないか。

＊

法廷には、検察側の証拠として、被告人の供述調書が提出されるかもしれない。検察官の取調べに対して、以上間違いありません、と署名した書類である。「〇月〇日〇時ごろ殺意を抱き、…〇月〇日〇時に犯行に至りました。」などと書いてある。あれは真実ではありません、と被告人が公判で供述を否定することがある。被告人がなにも供述せず、調書が作成できないこともある。供述調書が殺意を証明する決め手になるわけではない。

事件の三日前、刃渡り30センチの包丁を荒物屋で購入した。事件の当日、かばんに隠して包丁を現場に持参した。犯行前に、電話をかけて被害者の在宅を確認している。…これらの事実が、被告人の「殺意」を立証する。犯行は、その場で思いついたのではなく、周到に準備された。当人が否定しても、法廷は「殺意」があったと認定するだろう。

「殺意」は、当人がどう思っていたかではなく、法廷で人びとが「構成する」ものである。構成に問題がなければ、「殺意」は、客観的に存在したものとなる。

＊

結論として。

行為が行為として効力をもつのに、行為者の「思念された意味」は、必要でも十分でもない。行為に、意味や意図や意思はもちろん付随するものである。けれどもそれは、行為の効力を直接に構成しない。行為者当人にもっぱら属するものでもない。その行為に関わる人びとが共同で、構成するものだ。仮に本人に「殺意」がなくても、人びとがあったと考えれば、それは殺人事件になる。

贈り物があるとする。贈る当人の「好意」が、贈り物によって伝わるのではない。贈り物が贈られることによって、「好意」が客観的に実在し始めるのである。

行為は、意思と手を携えている。行為と意思とがどのように相互に関係しているかは、単純ではない。言語ゲームを下敷きにすると、見通しがよくなるはずだ。

権力と意思

ヴェーバーの理解社会学による行為の定式化は、このようにギクシャクしていた。

おまけに、ヴェーバー自身の権力の定義とも折り合いがわるい。

どう折り合いが悪いのか、説明しよう。

＊

理解社会学によれば、行為は、行為の外形によってとらえることはできない。行為者の「思念された意味」を理解しなければならない。行為には、それを意味づける「意思」が背後にあるはずで、それをつきとめることが行為の意味理解だとする。

かりにこれが、正しい理解社会学だとしよう。すると、権力現象は、ここからの逸脱であることになる。

どうしてか。権力は、被権力者（m）の「抵抗にもかかわらず」権力者（M）の意思が貫徹することである。被権力者（m）は、権力者（M）の意思に合致するように行為するのであって、自分の意思に従って行為するのではない。自分の意思は無視され、押し切られてしまっている。それなら、被権力者の行為は、被権力者の「思念された意味」によってではなく、権力者の「思念された意味」によって理解したほうがよいのではないか。

＊

これはちょっとした齟齬なのかどうか。ヴェーバーが、この点をどこまで意識していたのか、よくわからない。

ちょっとした齟齬なら、理解社会学の行為の定式化か、権力の定義かを、少し手直しすれば何とかなる気がする。ただ、もっと大きな見直しが必要なのかもしれない。

有限ゲームと自由

そこで以下では、行為を、ヴェーバーとは違ったフレームのなかに置き直してみる。そう、これまで何回か論じてきた、言語ゲームである。

＊

前章で、権力は、自由と深い関連があること。物質と反物質のように、背中合わせであることをみた。

ヴェーバーの権力の定義でも、被権力者（m）は、抵抗しようと権力者（M）によって押し切られるのだから、自由を奪われている。権力と自由が背中合わせ、という理解は共通している。

そこで、自由を定式化する方法を考えてみよう。自由が定式化できれば、権力も定式化できるのではないか。

＊

まず考えたいのは、有限ゲーム（finite game）である。（この言葉は、私が考えたもので、どこかの本に載っているわけではない。）

有限ゲームは、始まりと終わりがある。人びとが集まって、さあ始めましょう、とある言語ゲームを始める。さあ終わりましょう、とその言語ゲームを終わる。始められるのだから、そのルール（規則）ははっきり記述されているか、人びとに周知されているかであろう。子どもたちが遊ぶ鬼ごっこのたぐいは、有限ゲームである。スポーツの試合のたぐいも、有限ゲームである。

有限ゲームは、すべての人びとが参加すると限らない。たいていの場合、参加する／しないの自由がある。それを一人ひとりが決めていいなら、それは本人の自由である。有限ゲームがあると、人びとは自由を自覚できる。

＊

有限ゲームでない言語ゲームは、始まりがなく終わりがない。言うならば、無限ゲーム(infinite game)である。社会ゲームがそうである。始まりがないから、さあ始めましょう、と参加する機会がない。さあ終わりましょう、と終了する機会もない。ただいつまでも続いている。すると人びとは、社会ゲームのルール(規則)に従っているのだが、そこに自由を自覚することができにくい。

半ば有限ゲーム

有限ゲームと無限ゲームの中間に、半ば有限ゲーム(half finite game)があるかもしれない。

これには、ふた通りあるだろう。これまでなかったゲームがあるとき始まり、ずっと続いていく開始ゲーム(starting game)。いつ始まったかわからないままずっと続いてきたゲームがあるとき終わる、終了ゲーム(ending game)。ヴィトゲンシュタインは、こんなことを考えなかったと思う。ほかの誰かの本にも書いてない。

＊

モーセはあるとき、イスラエルの民を率いてエジプトを離れ、荒野をさまよいつつ約束の地をめざす。みんなよく彼に従ったものだと思う。それまでのエジプトの社会ゲームをやめて、飛び出した。そして、ヤハウェに従うゲームが始まった。終了ゲームと開始ゲームがきびすを接している。旧約聖書は、このありさまを描く。

こういうとき人びとは、それまでのルールから解き放たれ、新しいルールを選び取るので、自由を感じるはずだ。

旧約聖書は、人びとが契約を交わして、王制を選びとる歴史も描く。神の前では、人びとの営むどんな社会ゲームも相対的となる。聖書は、自由の物語なのである。

＊

契約を交わし、憲法を定めて、新しい共和国を成立させる。そこには自由が謳われている。アメリカ合衆国も、フランス共和国も、開始ゲームである。開始ゲームは、自由を実現するひとつのあり方である。

いつまでも続くと思われた体制が崩壊した。ベルリンの壁が崩れた。人びとは、それまで囚われていた社会ゲームから解き放たれ、自由を満喫する。終了ゲームである。

人生で言えば、結婚は、開始ゲームの一種かもしれない。

こういうことは、ときどき起こる。それを覚えていれば、誰もが自由を理解できる。

自由と権力

以上の観点から、ヴェーバーの権力の定義を見直してみよう。

ヴェーバーはいう。「ある社会的関係」(sB)のもとで、誰かは権力をふるうことができる。権力は、自分の意思を、相手の意思をものともせずに、押し付けることができることだ。その誰か(王)は、自由を感じるだろう。相手(臣下)は、自由がないと感じるだろう。権力があれば、自由がある／自由がない、である。

「ある社会的関係」は、その社会のなかに埋め込まれている。その社会を成り立たせる社会的関係のうち、ごく特別な場合だろう。とにかくその社会のなかに、そうして権力があれば、そこには自由がある。（それ以外のところには、ないかもしれない。）

＊

権力者（王だとしよう）が、権力をふるう。これも、行為である。どういう行為なのか。

ヴェーバーによると、行為を記述し、理解するためには、行為者の「思念された意味」をつきとめることが大事である。権力者（王）は、どういうつもりなのか。

王は相手（臣下）に、言うことを聞かせようとしている。行為するのは相手（臣下）である。王は命令しているだけだ。場合によると、命令している行為のなかみを、よく知らないかもしれない。行為するのは、命令された相手（臣下）だ。このように、

王　↓　（命令）　↓　臣下　↓　（服従）　↓　行為

となっている場合、行為者は臣下なのか王なのか、行為者の「思念された意味」は臣下の頭のなかみなのか王の頭のなかみなのか、ややこしいことになる。

ヴェーバーの理解社会学のアプローチは、うまく権力を考察できるように思えない。

王に服従するゲーム

ヴェーバーの権力の定義は、権力とそうでないものを識別することはできる。

しかし、なぜ権力にとらえられる人びとが、「ある社会的関係」に取り込まれることになったのか、疑問が残る。権力にとらえられると、自分の意思が通せなくなる。そういう「ある社会的関係」にわざわざ入り込む理由はなんなのか。

このわかりにくさは、権力と「ある社会的関係」とを、別々に考えるからではないか。もっと簡単なやり方は、ストレートに、「王に服従する」という言語ゲームを考えることである。

＊

「王に服従する」言語ゲーム。

このゲームは、王に服従するのがルールだ。ヴェーバーではばらばらだった、ある「社会的関係」と権力のはたらきとが、両方ともルールに含まれている。モデルが簡単である。

「王に服従するゲーム」が開始される。人びとがそれに加わる。加わらなくてもかまわない。選択がある。（選択がなければ、もう「王に服従するゲーム」が始まっているということである。）人びとは、まずルールに従い、ルールだから王に従う。

王も同様である。王もこのゲームに加わる。人びとがこのゲームのルールに従うから、王は王である。「王が王であるのは、人びとが彼を王だと思っているからだ」という命題のとおりだ。

「王に服従するゲーム」は、有限ゲームのように始まりうる。でも、社会ゲームの一部に組み込まれて、半有限ゲーム（開始ゲーム）となり、やがてそのことも忘れられてしまうかもしれない。

言語ゲームはどう続く

言語ゲームは、メンバー(それを支える人びと)の交替にかかわらず、継続する。どのように継続するか。

王はやがて死亡する。王の子どもが代わって王となる。世襲は、王のルールの一部である。王に服従する人びとも、死亡したり退職したりする。新しい臣下がその代わりを務める。服従は、個人的関係であるようにみえる(実際に、そうである場合もある)。でも、メンバーが入れ替わっても継続するところに、その言語ゲームとしての本質がある。

ヴェーバーは、言語ゲームの始まりを有限ゲーム(カリスマ)のように記述し、それが半有限ゲームに転化(日常化)していく、と説明した。ヴェーバーの論理は複雑でこみいっていた。もっとシンプルに描くことができるだろう。

＊

「王に服従するゲーム」は、どうやって社会ゲームの一部に組み込まれるのか。

税が決定的な役割を果たす。このことは、第3章で詳しく検討した。

王は、税を集める。王は、集めた税を、臣下に分配する。臣下はそれで生活する。王に服従することを職業にできる。こうして「王に服従するゲーム」は、社会ゲームの一部として定着する。

税を集めることは、もとの社会ゲームにマイナスを与える。そのマイナスを埋める(かのような)パフォーマンスを行なうことも、「王に服従するゲーム」が安定するかどうかのポイントである。安定すれば、「王のいる社会ゲーム」だ。

理屈から言えば、「王に服従するゲーム」は、いつでも退出できるはずである。でも、退出は可能なはずなのだが、滅多に起こらない。退出には不都合があるからだ。

退出できないなら、このゲームに加わっている状態は、運命的になってしまう。権力から逃れるすべがなく、自由でない。これも、「王に服従するゲーム」のひとつの側面である。

＊

企業で働くゲーム

話は飛ぶが、近代の資本主義経済には、無数の企業があって、人びとが働いている。企業で働くことと、「王に服従するゲーム」とを、比較してみよう。

資本主義経済の企業は、任意団体である。誰が企業をつくってもよいし、解散してもよい。政府機関ではない。税を集めないから、「王に服従するゲーム」とは違っている。

＊

その点は違うのだが、企業と「王に服従するゲーム」は、並行する部分もある。

まず企業は、設立の時点がはっきりしている。資本金を集め、法人登記をし、企業を立ち上げる。経営者が選任され、従業員を雇う。日常の業務を行なう。有限ゲームのように始まって、軌道に乗れば、半ば有限ゲーム（開始ゲーム）に移行する。「王に服従するゲーム」と同じである。

そして企業は、従業員を、フルタイムで雇用する。経営者も従業員も、企業で勤務して自分たちの生活を支える。経営者も従業員も、順番に退職し、また新規に採用される。そして企業は継続する。

利益をあげ、資本家に配当し、経営が順調である限りは。

税の代わりに、なにが企業を支えるのか。それは、企業の売上げである。企業は商品をうみだし、経費を上回る売上げがあれば、それは利益である。その企業が、社会に有益な財やサーヴィスを提供した証拠である。企業は社会に対して、決してマイナスを与えていない。市場は、交換と互酬のメカニズムなのだ。かつて社会は、貨幣も企業もなしに、それを行なっていた。いま社会は、市場を通じてそれを行なう。

＊

企業に、王はいるのか。企業は、もうひとつの「王に服従するゲーム」なのか。

企業に、王はいない。企業は、民法に従い、商法に従う。税法、企業会計、労働関係法規そのほかの、法令に従う。企業の定款に従い、株主総会の決定に従い、役員会の決定に従い、企業が制定したルールに従う。要するに、社会のルールと企業のルールに従う。

企業は、「企業のルールに従うゲーム」である。「王に服従するゲーム」ではない。

企業に権力はあるか。権力はある。ヴェーバーの定義をあてはめてみれば、上司は、部下の抵抗をものともせず、みずからの意思を押し通すことができるから。これができなければ、企業の秩序は成り立たない。

ただし、無条件で「意思を押し通す」ことができるわけではない。まず、従業員は契約を解消し、いつでも企業を離れることができる。上司の「命令」は、法令や企業のルールにもとづいていなければばならない。ごく特定された条件のもとで、権力であることができるだけだ。

王は、立法権と司法権と軍事指揮権をもっている。臣下が服従しない場合の対抗手段を山ほどもっている。「無条件に」みずからの意思を押し通すことができると言ってもいいほどだ。

＊

以上をまとめるとどうなるか。

企業に権力はある。ただし、これこれの、といろいろの条件がつく。裏を返すと、企業に権力はない。ただし、これこれの、といろいろの条件がつく。

この条件の束が、ヴェーバーのいった、ある「社会的関係のもとで」、のなかみである。この「社会的関係」を特定することで、権力は具体的な肉付けをもつ。権力論が、使えるようになるということである。

権力は、あるかないか、どちらかではない。人びとをどういうルールがどのようにとらえているかで、強まったり弱まったりする。

王のいる社会ゲームの歪み

このように考えると、「王に服従するゲーム」では、権力がほぼ無条件に、人びと（臣下）をとらえる。「独裁者に服従するゲーム」と言ってもいいほどである。

では、臣下ではない一般の人びとに、権力ははたらくのか、はたらかないのか。

＊

そのことを考えるのに、つぎのいくつかの言語ゲームの関係を考えてみよう。

Ｋ　：王に服従する言語ゲーム

ＫＴ：王に税を払う言語ゲーム

ＫＳ：王のいる社会ゲーム

王と王に服従する臣下たちからなる言語ゲーム（Ｋ）も、王に税を払う言語ゲーム（ＫＴ）も、王のいる社会ゲーム（ＫＳ）の一部である。

社会ゲーム（Ｓ）のなかで、王に服従する言語ゲーム（Ｋ）が始まった。そのことによって、社会ゲーム（Ｓ）は歪められる。財の一部は、交換と互酬のネットワークから外れて、王の手に渡る。社会ゲームのなかに埋まっていた法の一次ルールは、言及され取り出されて、王に服従する人びとの手に移る。社会ゲーム（Ｓ）は、もともと持っていた正義を追求し実現する権能を、王に服従する人びとに譲り渡してしまう。

要するに、王が権力（すなわち自由）を拡大するのとうらはらに、社会ゲーム（Ｓ）は自由（すなわち権能）を失っていく。それは、王が人びとに直接に服従を求めるかどうかとは関係ない。そのように欠落と歪みを抱えるほかない社会が、王のいる社会ゲーム（ＫＳ）である。

ヴェーバーの権力の定義にいう、ある「社会的関係」は、たとえばこのような順序を踏んで構成されているのではないだろうか。

自由を求める人びと

王のいる社会ゲーム（KS）では、権力と自由が不平等に配分される。権力のあるところには、自由がある。権力のないところには、自由がない。そのことは次第に常識となり、人びとに権力と自由の観念が行き渡る。

そのうえで、人びとは思う。権力がなくても、自由に生きる道はないものか。

＊

伝統社会で、人びとが自由に触れる機会は、王のいる社会ゲームのほかにも、いくつかあった。

まず、奴隷制。古代では、戦争で負けると戦利品として、人びとは奴隷になった。奴隷は身分である。奴隷の子に生まれると、やはり奴隷であった。奴隷はどこにでもいた。奴隷は脱走しても、連れ戻されて再び奴隷となった。奴隷でない自由民は、奴隷でない自由を意識した。ちなみに旧約聖書にも新約聖書にも、奴隷の話がよく出てくる。

ついで、農奴制。ヨーロッパの農民は土地に縛られ、領主の支配に服した。奴隷よりはいくらかましだった。家族ばらばらに市場で売られたりしなかったからだ。都市には領主がおらず、自由があった。

どのような伝統社会でも、習慣や制度によって、人びとの自由はしばしばいちじるしく制約されていた。そして、それはあまりに当たり前にみえるため、自由があるとかないとか意識することができないほどだった。

＊

王のいる社会ゲームのロジックを純化し、伝統的な社会の制約を可能な限りなしにしたのは、ヨーロッパの絶対王政である。王は、領主や教会を退け、権力を誇り、市民階級の成長を支援した。人びとは、権力と自由の関係について、考えを深めていった。

権力と自由のオセロゲーム

パウロは言った。すべて地上の権威は、神が立てたものである。彼らは悪を懲らしめるため剣を帯びている(ローマ書13章)。イエスは言った。カエサルのものはカエサルに、神のものは神に返しなさい。これは、ローマ帝国(あるいは、任意の現政権)の税金は払うべきである、という意味だと解釈されている。

王のいる社会ゲームでは、王(のみ)が権力を手にし、自由を享受する。王は(ヴェーバーの権力の定義により)、どんな自分の意思でも、実現することができるからである。王以外の誰も、権力と自由を手にしていない。少なくとも、完全には自由でない。

＊

王の権力は、主権(sovereignty)と表現される。主権は、君主の権限のことだが、キリスト教では神の権限にふさわしい。主権は、こうと決断したら、誰もそれを覆せない権限のこと。神の権限はまさにそれだ。

そして王は、自由である。王は地上で、神のように自由な主権者としてふるまえる。

自由と権力は、ふたつながら神のものである。自由と権力は、ふたつながら王のものである。だが王が、自由と権力を独占するのは、正しいことだろうか。

＊

人びとは思う。自由はよいものである。権力はよくないものである。自由が光○なら、権力は闇●だ。なぜか。王が権力をもっていれば、王は自由かもしれないが、それ以外の人びとは自由でない。少なくとも自分たちは、自由でない。もっと自由を。

自由は、○○○○○…。

権力は、●●●●●…。

自由は、人を神に向かわせる。真理に向かわせる。善に向かわせる。

権力は、人を人に従わせる。真理から遠ざける。人に悪を行なわせる。

＊

自由と権力は、実態としては同じものである。自分の意思のとおりに、この世界を支配し、この世界を生きることだからだ。

けれども、王の場合、その権力はほかの人びとの抵抗を奪い、自由を奪ってしまう。ほかの人びとの自由を侵蝕してくる。人びとに自由を分け与え、自由を享受させること。それには、権力に反対しなければならない。権力のあるところに、自由はない。自由があるべきなら、王の権力はあってはならない。この○と●の関係が、「自由と権力のオセロゼーム」である。

近代の政治学はこの、自由と権力のオセロゲームを軸に展開した。権力に抗して、人びとの自由をどのように確保するか。けれどもそれは、権力のあり方をうまく通路づけないと実現できない。権力を、ただ否定的に捉えるのでなく、正面から向き合うのでなければならない。

権力の本質を冷静に見極めるのは、困難な課題として、これまで積み残しの宿題のようになっていた。

権力を定義する

権力と正面から向き合う第一歩として、権力の定義をやり直そう。

議論をこの先に進めるため、ヴェーバーの定義はもう十分でないからだ。

＊

つぎのように、定義してみる。

〔定義〕　権力は、人が人を従わせること、である。　（Ｐａ）

〔定義〕　権力は、人が人に従うこと、である。　（Ｐｂ）

「人が人を従わせる」（Ｐａ）。ここに、権力の過不足ない本質がある。

定義（Ｐａ）と定義（Ｐｂ）とは、微妙に違いがある。定義（Ｐａ）のほうが根本であると考えておく。

神は権力をもつか

少し枝葉の注意をする。神は権力をもっているか。

「神が人を従わせる」は、権力か。

神は、人ではない。ゆえに、（Ｐａ）の定義にあてはまらない。社会学や政治学の考える「権力」でもない。社会学や政治学は、人と人との関係を考える学問だからだ。

神の「権力」を考えるのは、たとえば、キリスト教である。「主の祈り」では、力（パワー）は神のものだ、とのべている。神は全能である。神の意思は、神が意思しさえすれば、ただちに必ず実現する。人間の意思がどうあろうと。

けれども、これは、人間の自由を奪うことにはならない。神は光○であり、人間は闇●である。人間は罪があるからである。人間にとって、神に従うことは、罪を取り除き、自由○になる道である。キリスト教は、社会ゲームの外側に、「神に服従するゲーム」を抽象的につくりだす。神は権力をもっている。神は権力をふるうべきであり、人間は従うべきである。そして神への服従は、権力と自由のオセロゲームから逃れている。

神への服従と、王への服従との関係は、どうなるのか。ここから、西欧世界の、権力と自由の思索が始まっている。

服従は無条件か

本題に戻ろう。権力の新しい定義を、どう考えるか。

人（人間）については、説明はいらないだろう。すると、問題は、従わせる／従う、である。

「人が人を従わせる／従う」。ＢがＡに従うとは、Ａの判断をそのままＢが自分の判断とすることである。両者の判断（意思）が一致する。

AがBを従わせるとは、BがAに従うことを、Aが意思すること。BがAに従うと決めていた場合は、当然、BはAに従うから、両者の意思はやはり一致する。

AがBを従わせようと思っていなくても、自発的に、BがAに従う場合、両者の意思は一致する。この場合、（Pb）であっても、（Pa）ではない。定義（Pb）のほうが、定義（Pa）よりも広い。

「人が人に従う」のは、権力の本質である。権力は、それ以上でもそれ以下でもない。だから定義に選ばれている。

「人が人に従う」は、権力に従う側の人のふるまいに焦点をあてている。これに対して「人が人を従わせる」は、権力をもつ側の人のふるまいに焦点をあてている。

＊

「人が人に従う」言語ゲームと「王に服従するゲーム」とは、どういう関係か。

「王に服従するゲーム」は、「人が人に従う」言語ゲームの一種だ。このことはわかりやすい。「人が人に従う」言語ゲームは、王のほか、指揮官に従ったり、自治体の首長に従ったり、上司に従ったり、親に従ったり、…でもよい。王制に限らず、さまざまな社会や組織にはたらく権力をのこらず表現するモデルになっている。

＊

「人が人に従う」のが権力だとして、それは無条件なのか。

ヴェーバーの定義では、権力のはたらき（権力者（M）の意思が、被権力者（m）の抵抗があっても押し通される）は、ある社会的関係（sB）のもとで起きるとされていた。定義のなかに、未定義項（sB）があった。

ここでの定義（Pa）（Pb）では、未定義項のある社会的関係（sB）が、そのままモデルに盛り込まれている。それが、言語ゲームだ。言語ゲームは、ルールに従うことである。その外側に、条件を必要としない。モデルとして、完結している。

「人が人に従う」言語ゲーム。たしかに、人が人に「従って」はいる。しかしそれは、人が「主体的」に引き受けたルールである。それなら、自由（自らの意思）の実現でもある。権力（●）と自由（○）が合わさった出来事として、権力を記述する。この社会を、権力と自由の織りなす構築物として、再構成する射程をもつことができる。それが、定義（Pa）（Pb）なのである。

無条件ではない

権力のありかた「人が人に従う」は、正しいことなのか。

一神教の原則では、これは正しくない。

なぜなら一神教では、「人が神に従う」こと（だけ）が、正しいからである。これは、無条件に正しい。「人が人に従う」としたら、それは「人が神に従う」のではないことになる。これは偶像崇拝で、禁じられている。

ユダヤ教でもキリスト教でもイスラム教でも、神の人に対する権力が絶対である。ならば、人の人に対する権力は、相対的で、条件つきでなければならない。

＊

人の人に対する支配は、どういう条件で正当化されるか。

それは、神が、命じた場合である。神は言う、人びとはみなこの人に従え。神は、預言者モーセに従えと命じた。そのほかの預言者や、ダビデ王にも従えと命じた。キリスト教会は、ローマ皇帝を支配者と認め、ゲルマンの王たちに戴冠した。アッラーは、預言者ムハンマドに従えと命じ、ムスリムはその後継者であるカリフ（あるいは、イマーム）に従う。カリフの部下であるスルタンやアミールにも従う。

人びとの信仰や権利を守るため、人びとが契約を結んで国家を樹立した。その場合にも神が命じたのと同様、支配は正当化できると考える。これが社会契約説で、キリスト教のロジックの応用問題である。

みなで従う

日本社会はコンセンサス（全員一致）を重視し、権力をよくないと考える。権力は、誰かひとりが決めることだからだ。

そこで、「人が人を従わせる」ことである権力（Ｐａ）を、それとは別なやり方に置き換えようとする。たとえば、

［定義］　日本の権力は、人びとみなが、みなの決定に従うこと、である。　（Ｐｊ）

全員で決めて、全員でそれに従う。自分の決定に従うのだから、誰かの決定に従っているのではな

い。よって権力（Ｐａ）ではない、というわけだ。

では、「人びとみな」がどうやって決めるのか。実際に全員で決めるのだろうか。そんなことはできない。めんどうだし、複雑すぎる。誰かが、「これでご異議ありませんか、ありませんね、では決まりました。」と言うだけだ。その決定のなかみは、「人びとみな」で決める会合の前に、別の準備の会合があって、そこであらかじめ決まっている。その準備の会合の前に、もっと小さなまた別の会合（準備の準備の会合）があるかもしれない。こうした準備のプロセスは、しばしば秘密になっている。誰の意思がみなを拘束することになったのか、はっきりしない。説明もない。責任も取らない。そう決まった理由も不明だし、記録も残らない。これが日本の意思決定で、よくあるパターンだ。

権力をないことにしたい。だから見ない。でも権力はある、である。

人が人を支配するのは正しい

一神教と対極的なのが、中国のやり方（儒教）だ。

儒教の中心になるテーゼは、「人が人を支配するのは正しい」である。

「人が人を支配する」とは、政治のこと。政治が、社会活動のなかで価値があり、政治がきちんと機能すればすべてが解決する。これが、儒教の主張だ。

＊

「人が人を支配する」は、無条件に正しいのだろうか。一神教では、多くの条件がついた。人間が人間に、無条件に服従することは許されない。神がそれを許可し、命ずる場合に限られると。

儒教では、原則としてこれは正しい。政治は、「人が人を支配すること」である。これが正しくなければ、世の中の秩序は保たれない。人びとの幸福も保障できない。

儒教の正典(五経)は、古代の聖人(伝説の王たち)がどのように理想的な政治を行なったかの記録である。そのやり方にならって、いまの政治家も政治を行なうべきである。正典(五経)に通じていることが、政治を担当する者の資格である。

正典に、

このように「人が人を支配する」のが正しい　(C)

と書いてある。そこで、それを読んだ人びとは、

このように「人が人を支配する」のが正しいので、このように人を支配する　(c)

のである。

*

中国共産党は、人間(の集団)だ。彼らが人びとを支配するのは正しいか。無条件に正しいか。西側世界によくある条件(統治者が選挙で選ばれる、人びとの人権を守る、言論の自由を守っている、法の支配を守っている、など)は、必要か。

必要だ、と中国共産党は思っていない。儒教の正典の原則（C）にのっとって、（c）のように考えているからだ。一神教に由来する政治の常識が、通用しない。

ゲームの内と外

話を本筋に戻そう。権力は、ゲームであるのかないのか。ゲームでないとしたら、それを言語ゲームに回収する道はあるのか。

定義（Pa）と（Pb）は微妙にずれていた。再掲してみる。

〔定義〕　権力は、人が人を従わせること、である。　（Pa）

〔定義〕　権力は、人が人に従うこと、である。　（Pb）

「人が人に従う」は、被権力者（m）の自発性である。だから、ゲームである。王に従う言語ゲームがゲームなのと、同じである。

「人が人を従わせる」は、権利者（M）の能動性であり、被権力者（m）の受動性である。従う気がなくても、従わせようとする。そのまま従わないでいることができるか。言語ゲームの内と外の境目である。

＊

従わないでいられない場合。

例をあげれば、古代の都市国家の王権である。王は、都市の住民を従えている。住民は従わないでいることができるか。当時の都市国家は、戦争マシンである。近隣の都市国家から攻められれば、戦わなければならない。中立は許されない。負ければ、住民は全員奴隷にされてしまう。それならば、王に協力し、王と共に敵と戦うしかない。

戦争マシンは、人びとの承認と同意を調達しているわけではない。だがいったん起動すると、自己増殖し膨張していく。それ以前の安定した社会を突き崩していく。

従わないですむ場合。

例をあげれば、中世の領主の場合である。領地を農奴が耕作している。農奴は領地に貼り付いていて、領主でも、農地と農奴を別々に切り離すことはできない。領主が交替しようと、農奴には関係ない。このケースでは、領主がほかの領主と戦争しても、農奴は中立を保つことができる。農奴は、領主に支配されているとしても、領主に服従しているわけではないからだ。

＊

近代社会ではどうか。

近代社会では、誰が権力をもっているか、もつべきであるか、法律によって定まる。誰かが別の誰かを従わせようとし、別の誰かが従おうとしない場合、それは法律の争いになる。権力の問題は原則として、法律の問題に置き換えられる。

このことは、第5章で改めて論じよう。

権力を封じ込める

西欧で近代社会がうみ出されるきっかけとなったのは、権力と法の正当性に対する疑念だった。王は正しい統治者なのか。法は正当な法なのか。権力と法に対する厳しい批判の目が向けられ、社会の根幹が組み換えられた。

批判の対象となったのは、王のいる社会ゲームである。この言語ゲームは、プレ近代の時期に、いわゆる絶対王政のかたちをとった。権力を可視化し、権力の不合理を目にみえるかたちにした。なぜ税を取られるのか。なぜ市民は無権利状態で、自由がないのか。プロテスタント神学と啓蒙思想が、批判の議論を組み立てた。

＊

権力をどのように批判するのか。

まず、権力の所在をつきとめ、記述(言語化)する。その起源や機能を描き出し、正当であるかどうかを検証する。制度の現状を、より合理的なものに置き換えるアイデアを示す。そのツールは、憲法(統治契約)である。法の支配である。選挙と議会である。そして、市民革命である。

これは、近代社会への移行そのものである。

＊

近代社会の特徴は、国民国家だという。資本主義と官僚制だという。複式簿記と約束手形と科学技術だという。社会学の教科書に書いてある。間違ってはいないが、臨床診断のたぐいである。一望監視装置と告白とエピステーメーだという。国民国家は想像の共同体だという。マルクス主義の議論が下火になったあと、焼けぼっくいをほじくり返す話のたぐいである。

近代社会の特徴は、権力をルールに回収しようとする試みであることだ。人間による支配をなくして、人びとの自由と幸福を最大限にする試みである。

近代社会にコミットする思想家が稀有になった。近代社会に対して斜にかまえるポストモダンが流行った。ポストモダンの毒キノコに惑わされてはいけない。相対主義の暇つぶしに付き合っているひまはない。近代の核心に迫る正統の議論でなければ、この時代を乗り越える役には立たない。

＊

権力をルールに回収し、封じ込めるにはどうするか。

権力の定義を、（Pa）から（Pb）に書き換えることである。ルールをルールによって、言語ゲームを言語ゲームによって、根拠づけることである。ルールの円環を、言語ゲームの円環を、完成させることである。

社会契約と主権者

こうして、近代社会の建設が始まる。

まず現れたのは、ホッブズの社会契約説だった。第1章でみたとおりである。人びとは、社会契約によって、主権国家を構成する。主権国家の頂点には、主権者（王）がいる。王を除いて、すべての人びとは社会契約と、法律に服する。社会は、ルールの体系として組織される。

すべての人びと（自然人）は、こうして、国家によって守られる。

*

主権者(王)は、自然人だろうか。自然人のはずだ。ほかの人びとと一緒に、社会契約に加わったはずだ。全員が加わったのだから。

けれども社会契約によって、彼(女)は、主権者(王)をつとめることになった。これは、自然人ではなく、法人の一部。国家機関である。社会契約が樹立したリヴァイアサンは、人造人間(法人)である。その役割である主権者(王)も、国家機関である。帝国憲法の天皇が、国家機関であるのとおなじだ。国家機関なのに、そのポストを生身の人間がつとめる。主権者(王)は、法人と自然人の一人二役である。ここに、ホッブズの描き出した主権国家の、問題点がある。

*

ホッブズは、現実には近代国家がまだ存在していない時代に、近代国家はかくあるべきだと考え、その設計図を描いた。天才と言うべきである。

彼の描いた主権国家は、王制だった。「王のいる社会ゲーム」である。当時、王国以外の国家のあり方は知られていなかったのだから、まあ仕方がない。

憲法とルールの体系

ホッブズが構想した近代国家は、やがて世界の標準になった。どの国も、憲法を掲げ、憲法のもとに国家を組織するようになった。

憲法は、社会契約ではない。社会契約はその昔、人びとが結んだという架空の契約。現実のものではない。条文もない。それに対して憲法は、ある時点で結ばれる現実の契約。起草者がいて、条文もある。

＊

憲法は、宗教法ではなく、世俗の法である。そして、世俗の法のなかの、最高法規である。そのほかの法律や条例のたぐいをすべて基礎づける。

憲法のもとにある国家は、主権国家である。君主(王)がいるとは限らない。

君主がいる場合は、立憲君主制である。君主は、憲法のもとにあって、自由に主権を行使できるわけではない。

君主がいない場合は、共和制である。国家の首脳も、憲法によって権限を与えられた職員にすぎない。職務を離れれば、ふつうの人びとと変わらない。

いずれにせよ、憲法のもとにある主権国家は、「王のいる社会ゲーム」ではない。

＊

「王のいる社会ゲーム」はどのように、近代国家(憲法のもとにある、ルールの体系)に移行できるのか。そこでは、どのように権力が制御され、人びとの自由が確保されるのか。そのことを、次章(第5章)で考えてみる。

フランドン農学校の豚

憲法のある近代国家は、権力を抑制し、人びとの権利と自由を最大限に守る最善の試みである。そう、私は信じる。

けれどもそれは、万能の試みなのだろうか。そこに大きな暗闇があって、人びとが権力に呑み込まれてしまう恐れはないのか。近代国家の性能をプラスに評価する議論を始めるにあたって、その正反対の現実がありうる可能性にもしっかり目を向けておこう。

＊

宮沢賢治は晩年、興味ある一篇の童話を書いた。死の翌年、すなわち一九三四年に発表された「フランドン農学校の豚」である。冒頭の数ページは破棄されていて、本来の題名は不明。編纂者が仮の題名をつけた。

あらすじはこうだ。

フランドン農学校に、豚が飼われていた。この豚は、知能が高く言葉を解し、周囲の様子を観察しながら日々を送っている。肥育され、やがて屠殺され食べられてしまう運命であることを、うすうす察し始める。

ところがそろそろ屠殺されようとする頃、その国の王が「家畜撲殺同意調印法」という法律を布告した。家畜を殺そうとする者は、その家畜から死亡承諾書を受け取ること。死亡承諾書には家畜が調印すること、が定められている。農学校の校長はそこで、豚に、死亡承諾書に調印させようとする。文面はこんな具合だ。

《死亡承諾書　私儀永々御恩顧の次第に有之候儘、御都合により、何時にても死亡仕るべく候　年月日　フランドン畜舎内、ヨークシャイヤ　フランドン農学校長殿》

校長は、どうせ誰でも死ぬのだから、大したことはない、なに、名前のところに前肢の爪印を押すだけだよ、と迫る。何時にでも、とは今日でもということですか。いや、そんなに急ぐ話ではないから安心したまえ。豚は、いやですと泣くが、許してもらえない。とうとう爪印を押してしまう。気力を失った豚は痩せてしまう。それは困る。肥育器を口にはめられ、無理やり飼料を口から流しこまれる。そして肥らされたある日、校庭にひき出され、最期の日を迎える。突然、閃光のようなものが走り、豚は意識を失う。……。

＊

宮沢賢治が亡くなった一九三三年は、ナチスが政権を取ったちょうどその年。この作品は、ジョージ・オーウェルの『動物農場』（一九四五年）よりも一〇年以上早い。宮沢賢治は、不穏な時代の空気に感応し、一〇年後のホロコースト（ユダヤ人大虐殺）を見通していたのではないか。

近代国家の闇

憲法をそなえ、法の支配を原則とするれっきとした議会制民主主義の共和国が、あるとき、人びとのもっとも基本的な権利を奪うように牙をむく。それが合法的に起こる。合法的に、人間性に背く蛮行が行なわれる。共和国の誰もそれを止めることができない。

この出来事が起こってからまだ、まる一〇〇年も経っていない。

＊

この出来事がなぜ起こったのか、その原因とメカニズムをとことん明らかにしただろうか。この集団大虐殺をひき起こした権力がなぜ、またどのように、法とルールのコントロールをはみ出して、暴走したのだろうか。いやむしろ、法とルールのコントロールが万能であると信じることが、この暴走の原因であるとしたらどうか。

この問いを胸に、権力と法とルールの絡まりを、さらに考えていこう。

第5章　民主主義

この章の主題は、民主主義である。

民主主義は、これまでに考えられた権力の制度のうち、最善のものである。最善のものではあるが、完全なものではない。完成してもいない。民主主義は、よりよい方向に動いていくはずの、発展途上の制度である。

民主主義とはなにか

学校で、民主主義(democracy)について習う。憲法があって、三権分立で、基本的人権で、主権在民で、…。もうすっかり完成しています、という印象になる。

日本国憲法第十二条をみると、《この憲法が国民に保障する自由及び権利は、国民の不断の努力によつて、これを保持しなければならない》と書いてある。国民がぼんやりしていると、国民の自由や権利が憲法に書いてあっても、空文になるかもしれませんよ。だから気をつけていなさい。

国民の自由と権利について、国民が気をつける。それはわかった。では、憲法のほかの部分について、国民はどうすればよいのか。気をつけなさいとか、もっと完全にしなさいとかと、書いてない。「もう完成しています」の雰囲気が漂っている。

＊

民主主義は、ほんとうに定義しようとすると、むずかしい。少なくとも、そう簡単ではない。これまで、納得できる定義をみた覚えがないような気がする。

民主主義は、いまもどんどん、変化をとげている。

たとえば、ジャーナリズム。有権者が選挙で意思を表明しようとする。それには、候補者がどんな政見をもっていて、どんな実績があるのか、などを知らなければならない。それを伝えるのが、新聞だった。新聞や雑誌は、印刷術が実用化されて生まれた、新しい媒体だ。新聞や出版なしに、選挙は成り立たない。

新聞に、ラジオが加わり、テレビが加わって。そのたびに、民主主義は新しい段階に進んだ。インターネットやSNSが現れて、また違った世界が始まった。これから先も、どんどん新しい技術がうまれて、民主主義を変化させていくだろう。

これはほんの一例である。

憲法には、言論の自由や表現の自由がうたってある。でもそのなかみは、刻々違ったものになっていくのだ。

近代の民主主義

古代にも民主主義はあった。たとえば、アテネの民会。兵士として戦場で戦った平民が政治的発言権を強めた。ただ、こうした伝統はいったん途切れてしまった。

近代の民主主義の源流は、イングランド、フランス、オランダ、…のそれぞれの歴史と伝統にさかのぼる。イングランドの植民地として独自の発展をとげたアメリカでは、地域ごと州ごとに、多様な実験が試みられた。

＊

とりわけ注目すべきなのは、マサチューセッツ植民地を中心にニューイングランド一帯に拡がった会衆派(Congregational)である。会衆派は、カルヴァン派のプロテスタントで、ピューリタンとよばれた人びとだ。今日では小さめの宗派になっているが、独立戦争のころまではアメリカを代表する教会だった。

会衆派が多数だったニューイングランドの社会は、アメリカ合衆国の原型となった。

その特徴をまとめてみると、

(1)直接民主制……会衆派は、個々の教会(会衆)が独立している。連絡のためのネットワークをつくるだけで、上部の組織がない。契約を結んで教会を設立し、教会の運営や会計や牧師の選任や役員の選挙や、信条の決定まで、会衆の議論と投票によって決定する。個々人の上には神がいるだけで、人間に従うのは間違いだと考えるからである。

(2) 契約……町(タウン)をつくる場合も同様に、契約を結び、タウン・ミーティングを開いて直接民主制で運営を行なった。大事なことは選挙(投票)で決める。これがアメリカ民主主義の原点になった。

(3) 政教分離……会衆派は公民権を教会員に限る場合があった。クエーカーなど他宗派にも厳しかった。それに抗してロードアイランドやペンシルヴェニアなど、複数の異なる宗派が共存する宗教的寛容を掲げる植民地が多くなった。合衆国(連邦政府)は、特定の教会と関係をもたず、人びとは宗教の自由をもつことが定められた。

(4) 選挙……会衆派の役員選挙をまね、議員や首長、検察トップなどほとんどの上級公務員を選挙で選ぶことが原則になった。

これらはただの制度ではなくて、信仰にもとづく人びとの高いモラルによって支えられている。市民としての良心である。たとえば、買収や開票のごまかしなどありえないとみなが思わなければ、選挙は選挙にならない。

キリスト教の文脈

そう、民主主義は、制度ではない。制度なのだが、それ以上に、自分たちの手で社会を築きたいという強い思いである。

なぜ、自分たちの手で社会を築かなければならないのか。それは、これまでの社会が自分たちの手で築かれたものでないから。正しくないから。ただこれまでそうだったという理由で、ただそうであるだけだから。神の意思に沿っていないから。神の意思に沿おうとする自分たちの意思に合致しないから、である。

神の意思に沿って、この地上を正しく生きたい。こういう強い願いに裏打ちされて、民主主義はスタートした。

＊

地上をなぜ、正しく生きなければならないか。

神の意思は、あまねく地上に行き渡っている。刻々、どの瞬間も。神の支配は絶対である。でも地上は、完全でない。神が完全でも、人間が完全ではないからだ。人間は、神の恩恵に感謝し、神の意思に応える責任がある。──ここまでは、一神教に共通するロジックだ。

ユダヤ教、イスラム教では、神の意思が宗教法のかたちで与えられている。ユダヤ法、イスラム法だ。宗教法とは、神との契約である。地上で人間がどのように生きていけばよいかの、ガイドラインである。自分たち(だけ)が(ほかの人びとと違って)正しく生きていかなければ、と思わなくてよい。宗教法に従えばよいのだから。

＊

キリスト教の場合は、宗教法がない。その代わりに、教会があった。カトリック教会もオーソドックス教会も、普遍教会である。普遍教会は、人類すべての人びとを、イエス・キリストに代わって神に執りなし、神の意思に適わなかった人びとも神が受け入れてくれるようにはからう。地上の生き方がどうあろうと、教会に丸投げである。人びとは、教会をさしおいて地上に正しい生活を実現する権限も責任も能力もない。

プロテスタントは、この普遍教会を飛び出した。イエス・キリストの権威を地上で代行する教会など、存在しないとした。カルヴァン派に言わせると、カトリックは「アンチ・キリスト」である。そんな教会に関わること自体が罪である。イングランド国教会も、ルター派も、地上の政治権力と通じていて、不純である。地上の政治権力は、人間の罪と過ちでできているからだ。カルヴァン派の分離派(Separatists)は、イングランド国教会と関わりを断って、信仰の純粋さを守ろうとするピューリタンである。

＊

罪と過ちのある人間が、神の意思にかなうように、地上で正しく生きるにはどうしたらよいか。信仰を固くもち、可能なら回心(conversion)をとげて神と結ばれた人びとが中心となって、いちから社会をつくる。契約を結び、一人ひとりが信仰の生活を送る自由を、保障すると約束する。そのほか、神が一人ひとりに与えた地上で生きる自由を、保障すると約束する。信仰を保障し、人びとの自由を保障すると約束する地上の権力(だけ)は、神の意思にかなっているはずだ。

信仰の自由を核とし、人びとの自由を保障するための、地上の統治権力。つまり、政治制度。これを造って運営することが、民主主義のもともとの目的である。

民主主義は、具体的には、さまざまな制度である。憲法。三権分立。議会制民主主義。法の支配。選挙。…。これらはその目的のため、試行錯誤のなかから考え出されたもの。その制度それ自身に、価値があるのではない。全体が精妙に連動して、地上を生きる個々人の信仰と自由と尊厳と良心を、守るようにはたらく場合にだけ価値がある。

民主主義の再解釈

このように考えるなら、民主主義は、人びとの意思に合致するためにあるのではなかった。もともとは神の意思に合致するためにあった。神の意思に合致しようとする人びとの意思に合致するためにあったので、人びとの意思に合致するためにあるようにみえただけだ。

このように考えるなら、民主主義は、人びとの繁栄のためにあるわけではない。人びと一人ひとりが地上を正しく生きるためにある。その結果として人びとが繁栄したとしてもかまわないのではあるが。

このように考えるなら、民主主義は、人びとの幸福のためにあるわけでさえない。人びとが幸福になるかどうかは、神の意思による。人びとにできるのは、その原則を正しく踏まえて生きることだけである。

*

ただし民主主義は、いったんできあがって動き始めると、その存在理由を再解釈されるようになった。なにしろそれは世俗の、地上の制度である。民主主義は、人びとの意思に合致するため、つまり世論に従うために。人びとの繁栄のため、つまり経済発展と豊かさのために。人びとの幸福のため、つまり、平和と安全と福祉のために、存在するのだと。

こうして民主主義は、出来たばかりの尖ったところが丸くなり、誰もがよく知る民主主義に変わっていく。なるほどこのやり方はよさそうだ、と納得しやすいものになる。

それでも、この民主主義の特異な生い立ちを、踏まえておくことは大切だ。日本人にはしばしばそれが、よくみえないからである。

西側世界とそれ以外

民主主義を支える深い動機は、このようにもともと、キリスト教の文脈に色濃くまとわれていた。それもプロテスタントの、とくにカルヴァン派の世界観に。このことは、歴史的にも明らかだ。

こうまで特定の、キリスト教の色合いが強いのだとすると、民主主義がそれ以外の文化圏や文明に果たして移植できるのか、が大きな問題になる。

＊

西側世界はキリスト教の、とくにプロテスタントの影響のもとにある国々である。植民地主義や帝国主義の時代を経て、現代でも国際社会を牽引する有力な国々だ。これらの国々では、民主主義が定着している。

それに対して、それ以外の国々は、必ずしも西側のような民主主義が機能しない。ロシアがそうである。中南米がそうである。イスラム世界がそうである。アフリカ諸国がそうである。中国がそうである。北朝鮮がそうである。…。それぞれの国には、それぞれの事情がある。たとえばロシアは、ロシア正教の影響がある、など。

オーソドックス教会(正教会)は、西方のカトリック教会と違い、世俗のトップ(東ローマ皇帝)と教会のトップ(総主教)が二人三脚で役割を分担する体制でやってきた。教会はひとつしかないうえに、政府と結びついている。教会を良心の支えに、政府に反対することができない。だから宗教改革も起きない。信仰の自由も主張できない。西欧の常識があてはまらない。西側世界とロシアの対立は、ここに原因がある。

＊

西側世界はこのように考えて、ロシアが間違っていると考える。ほかの地域のことも、同様に考えようとする。だが、西側世界以外の地域のほうが、大きすぎないか。人類社会の大半の地域で、人口の過半の国々で、民主主義はうまく機能しないのだ。それは、それらの地域のせいなのだろうか。むしろ、民主主義のほうに問題があるのではないか。

＊

世界でなにか、政治的・外交的なトラブルが起こると、西側世界は相手を、十分に民主主義ではないとか、人権が守られていないとか、非難する。非難が当たっていない、とは言わない。でもあんまり何回も、同じ非難を聞いていると、非難する側の思考のパターンにも問題があるような気がしてくる。民主主義はそれほど普遍的な制度で、普遍的な価値なのか。世界の人びとが無条件に採用すべきものなのか。それは証明されているのか。

民主主義は普遍的なのか

ロシアがロシアの主張を掲げて、西側世界を非難する。イスラムがイスラムの主張を掲げて、西側世界を非難する。中国が中国の主張を掲げて、西側世界を非難する。そういう非難が重なると、西側世界も次第に自信を失い、自分たちの主張や価値観が無条件に正しいとは言えないのではないか、と心配し始める。折しも西側世界の知的トレンドは、多様性（ダイバーシティ）の尊重、文化相対主義だ。西側の価値観をカッコに入れ、ものわかりよく世界に耳を傾けようとする。

＊

民主主義の土台が、掘り崩されている。

民主主義を非難するのは、簡単だ。それはなかみのない形式にすぎない。民主主義のきれいごとの裏で、資本主義の金儲けゲームや、弱者いじめの格差ゲームが繰り広げられている。もう誰も民主主義を信じていない。民主主義はこの社会を、よりよくするわけではない。この社会を、よりよくしないための言い訳になっている。などなど。

民主主義を、普遍的な価値として築きなおすことができるか。

それをしなければ、キリスト教文明以外のさまざまな文明が勢力を伸長し、西側世界の影響力が低下するに従って、民主主義は力を失うだろう。そして世界は、いっそう混乱するだろう。

＊

民主主義はまだ、思想としての生命と、制度としての役割を、もっている。課題解決のための出番があるはずだ。

それを正しく語るには、民主主義を、権力の制度として正しく記述する必要がある。キリスト教の特定の文脈を離れて。人間社会の普遍的な特性にもとづいて。

民主主義への挑戦

民主主義は過去、何回も、あからさまな挑戦を受けてきた。

二〇世紀に限っても、ナチズムの挑戦、共産主義の挑戦をはね除《の》けなければならなかった。全力をあげての戦いだ。多くの犠牲を払った。

ヒトラーの率いたナチズムと、スターリンの率いたマルクス・レーニン主義。この体制を、全体主義(totalitarianism)とくくることができる。全体主義は、民主主義の正反対である。いま世界が立っているのは、全体主義の挑戦をくぐり抜けた、輝かしい希望の地点のはずである。

*

そうではあるが、全体主義と民主主義の関係は、正反対で片づけられるほど簡単ではない。正反対であるがゆえの共通点がある。よく似ているのだ。

全体主義も、民主主義も、「王のいない社会ゲーム」である。「王のいる社会ゲーム」から、王をなくした。王がいないので、権力は法のネットワークのなかに宿る。そのあとの戦略が異なる。

- 権力が特定の人物のうえに結ばれないように、法のルールを調整するのが、民主主義である。
- 権力が特定の人物のうえに結ばれ、彼が権力を独占するように、法のルールを調整するのが、全体主義である。

結論は正反対だが、途中までは似通っている。だから、民主主義のワイマール共和国がナチズムに移行できた。立憲君主制のロシア帝国が、マルクス・レーニン主義に脱皮できた。

全体主義は、民主主義のもうひとつの可能性(亜種)なのである。

＊

全体主義は、どのように民主主義に対して、正当性を主張したか。

社会主義(socialism)である。

ナチスは、「国家社会主義ドイツ労働者党」を名のっている。「社会主義」の労働者党である。ロシア共産党は、科学的社会主義を自称するマルクス主義の政党である。どちらも社会主義である。

この社会主義は、古代ギリシャの哲人政治の再来かもしれない。

哲人政治とは、理性に秀でた哲学者が政権につき、人びとに代わって最善の決定を下す統治のやり方のこと。無駄に論争しなくてよいから、意思決定がすばやい。愚かな意見に引きずられないから、意思決定の質が高い。合理的である。政治は結果である。結果がよいなら、哲人政治(つまり、社会主義の独裁)は、民主主義より優位でありうる。

ヒトラーは、軍拡と公共投資で景気を上向かせ失業を解消し、冒険主義的な外交で勝利をおさめ、軍事作戦で緒戦は成功をおさめた。スターリンは、重工業を中心にした社会主義建設に邁進し、資本主義社会を追い越す勢いをみせた。西側世界の民主主義・資本主義に対する優位を証明しつつあるようにみえた。日本はそれを信じ、ドイツと軍事同盟を結んだほどである。

歴史がそのあとどういう歩みを刻んだか知っているわれわれは、全体主義のこの説得力をもう実感できないかもしれない。しかし、社会主義(理性的な哲人政治)は、いまでも民主主義と背中合わせの関係にある。

＊

民主主義は、脆弱である。国政選挙での人びとの投票が、どれほど気まぐれで、どれほど根拠がなく、あやふやな情報やイメージに流され、所属する組織に言われるままに候補者の名を書き、政策選択肢に対する熟慮を経ないで投じられているか、誰でも胸に手を当ててみればわかる。そもそも投票しない人びとが、有権者の半数にものぼる。こんな代議制より、哲人政治のほうがまだましだ、は説得力をもたないだろうか。

＊

ＡＩ(人工知能)が、哲人政治の新しい可能性を開くかもしれない。

ＡＩを組み込んだ将棋ソフトが、プロの棋士をサポートしている。素人の有権者が理解しきれないほどの情報を、ＡＩが代わって整理して、誰に、またどの党に、投票すればいいか教えてくれる。株や債券を売買するのに役立つＡＩソフトが、投票に役立たないわけがあろうか。

こうしてＡＩがアシストし、有権者がその判断を参考に投票するようになったら、民主主義の基礎は脅かされないだろうか。

民主主義の戦略

民主主義は、全体主義の挑戦を受けたあとも、とりあえず生き残っている。けれども脆弱である。Qアノンやフェイクニュースやビッグライ(選挙が盗まれた)によって、民主主義は新たな挑戦を受けている。民主主義が魅力的にみえなくなっているのである。民主主義を守り、立て直そう。それには民主主義が、そもそもどういう戦略によってみずからを組織したのか、知らなければならない。

*

民主主義は、権力の制度である。権力の制度なのは、王制(王のいる社会ゲーム)と同じだ。王のいる社会ゲームでは、王の手から、権力(王の意思をほかの人びとにおしつける権能)を取り上げる方法がない。

民主主義は、王のいる社会ゲームから何とか脱却しようとはかった。その拠点は、権利である。それも、法に由来する権利ではなく、法を超えた権利(人権)である。そのような権利があることは、必ずしも知られていなかった。それが存在するとしたことが、第一である。

第二に、王と契約を結び、王を契約で拘束することである。王と結ぶ契約は、統治契約である。契約(憲法)のもとにある王制は、立憲君主制(constitutional monarchy)である。そして、この契約のなかで、人権に言及し、人権を守ることを約束しておく。

この二段階の工夫によって、王の権力を法のもとに置くことができる。

*

すべての権力を、法のもとに置く。すなわち、法の支配を完成する。これが、民主主義の戦略である。

法ならばなんでもよいのか。たとえば、「誰もが王の命令に従うべし」という法はどうか。王はこの法に従うなら、どんな命令も無条件にできる。できないのは、「王の命令に従うな」という命令ぐらいである。この法のもとでは、権力は制限されない。

権力を制限するためには、「王は憲法を守る」「王は人権を尊重する」というタイプの法でなければ、役に立たない。権利がなぜ、権力を制限することができるのか。そのロジックを考えてみる。

権利と人権

まず、権利(right)について。権利は、法に裏付けられた行為の自由の可能性、のことである。

所有権を考えてみる。この家は、Pさんのものと決まっている。Qさんのものでない。Qさんは、住むこともできないし、無断で立ち入ることもできない。Pさんが留守でも、できない。この家は、Pさんが所有しているからだ。

所有権は、身近なモノの支配権。使用や収益や処分ができる。多くの社会には、所有権のような制度がそなわっている。生活のため必要なモノを各人が円滑に支障なく使用できるようにするためだ。

所有権が、法律に定められる。二次ルールである。土地や建物を登記したりする。所有権は、法によって保護される。第三者に対して対抗できる。

所有権のほかにも、さまざまな権利がある。借地権、債権。参政権、契約を結ぶ権利、裁判を受ける権利。…。発達した法のシステムをもつ社会では、さまざまな権利が法によって定められ、保護されている。

法として制定され、条文のかたちをとっている法律を、実定法という。多くの権利は基本的に、実定法によって保護されている。逆に言えば、実定法が変更されたり無効になったりすると、権利はなくなるかもしれない。

権利は、これこれの法律があるから、存在する。実定法と相関している。

＊

これに対して、人権(自然権)は、これら法律以前の権利である。

自然権とは、神が天地創造のときに人間に与えた権利、の意味。新しく人間が生まれると、そのたびに、彼(女)に与えられると考えられる。自然権は神が与えたもので、人間が人間に与えたものでない。人間が人間に与えたものでないから、それを奪う手続きが存在しない。法のシステムの外にある権利である。

自然権を保障するのは、自然法だ。自然法は、神が定めた法で、条文のかたちをとっていない。自然法になんと書いてあるかは、法学者が「理性」によって読み解く。理性は、神が人間に与えたもので、神がこの世界を統治するさまを明らかにする。

人権(自然権)を、誰が地上において保護するか。

神は、世界を統治する。現に統治している。しかし、地上に正義(神の王国)をただちに実現するわけではない。最後のときに、イエス・キリストが再臨し、裁きを行なうときまで待たなければならない。それまでは、人間の統治者が、地上を統治する。人間の統治者は、人びとの人権(自然権)を守るとは限らない。

誰も神を地上で代理しない(できない)のなら、神の意思に従って地上で正しく生きるには、信仰をもつ一人ひとりが人権(自然権)を神の恵みであると信じ、それを守るように契約を交わす以外にない。これを、憲法という。憲法を、統治者よりも上位に置く。憲法を守ります、と統治者に約束させる。これが、民主主義の戦略である。

*

そこで人権(自然権)を、憲法にまとめて記載しておく。

ここで誤解してはならないこと。人権(自然権)は、憲法に書いてあるから人びとの権利である、のではない。憲法に書いてなくても人びとの権利である。この点が、制定法と相関的なものでしかない一般の権利と違っている。

憲法に書いてなくても人権は人権であるのなら、なぜ憲法に書き込むのだろうか。

それは念のため。人びとに、とくに統治者や政府職員に、よくわからせるためだ。契約だから、その当事者は、契約のなかみを熟知していなければならない。契約に反した場合は、憲法違反である。なぜ人権を守らないのかと、追及する。

*

統治者は、権力をもっている。強い。人権を無視した、憲法違反だ、と追及されても無視するかもしれない。裁判所で憲法違反の判決が出ても、議会で非難決議が出ても、痛くも痒くもないかもしれない。

憲法違反を犯すことができるのは、統治者など政府職員だけである。その憲法違反を追及することができる彼ら以上に強力な主体が、実は存在しない。彼らが自分で改めるしかない。この点が、ふつうの法律と異なる。ともかく、人びとは、憲法違反を主張し、主張し、追及し続ける。それが、人権が存在する、ということなのである。

法の支配

憲法の核心は、権力が「法の支配」に服する、ということである。

主権国家をたちあげる。そこには統治権力がある。権力はあってよい。権力には必ず法の裏付けがあって、法にもとづいて行使される。この原則を徹底させて、すべて権力のはたらきを法の内側に包みこんでしまう。危険な権力が、むき出しのかたちで人びとに向けられないようにする。これが、法の支配である。

*

統治権力が、法のもとに置かれる。統治権力も法に従わせる。多くの社会では、これを実現するのがむずかしかった。

たとえば中国の伝統では、法は、「人民（被統治者）に対する統治者の命令」である。統治者や政府職員には、法が及ばない。だから、法の支配ではありえない。統治者は法を通じて、恣意的に人民を圧迫することができた。

いっぽう一神教にはもともと、統治者も法のもとにある、という考え方があった。神はすべての人間を造った。そして、人間と契約を交わし、法を与えた。宗教法である。宗教法はすべての人間が守らなければならない。統治者も含めて。

キリスト教は、ユダヤ法、イスラム法にあたる宗教法をなしにしてしまった。けれど、統治者も神の法のもとにある、という考え方は残っていた。これが、社会契約や憲法の考え方の根底にある。どちらも世俗法であって、統治者を拘束する。ゆえに、キリスト教社会は、法の支配の考え方を実現しやすい。

とは言え、憲法だけでは統治権力を拘束するのに、いかにも心細い。憲法は、そのほか多くの法律の根拠となり、それら法律と一体になって、統治権力を法のもとに抑え込もうとする。

組織と権限

憲法は、一連の国家機関を樹立する。

国家機関は、組織である。組織は、人びと(政府職員)の集まりである。それも、単なる集団ではなく、職位(オフィス)の集まりである。職務を果たすポジションが配列されていて、その職位に職員が任用される。

これら職務と職位には、権限が割り当てられている。

権限は、法律によって配当された政府職員の行為能力である。国家の行為能力を細かく分割したもの。政府組織のどの部署も、それぞれ特定の職務を担当するように分化している。同じ職務を異なる部署が担当することはない。ある部署の権限に、ほかの部署が割り込むこともできない。ひとつの案件に複数の部署が関係する場合、調整をはかることができるだけである。権限はその部署の存在理由だ。どの部署も権限を手放さないから、調整は難航する。

*

憲法があり、憲法にもとづいて議会や行政府や裁判所や、そのほかの各種政府機関が設置される。権限による、組織の分離である。さらにさまざまな法律や関連法規にもとづいて、それぞれの政府機関がこまかな組織に枝分かれしていく。それは、権限が分割され、担当部署が分かれていくということである。

こうして、憲法とさまざまな法令にもとづいた、権限の体系ができあがる。政府職員の誰も、憲法と法令の定めを跳び越え、権限を無視して、なにかを決定し執行することができない。政府職員は、根拠となる法令に「できる」と書いてあることだけができる。「できる」と書いてなければ、できない。これもまた、法の支配である。

*

憲法に加え、この権限のシステムは、統治者が人びとに恣意的に権力を行使することを抑止する。権力の恣意とは、統治者の自由である。統治者の自由が、人びとの自由を脅かさないようにする。法の支配は、これを目的とする。

選挙と任期

これに加えて、民主主義の重要な仕組みは、選挙である。

選挙は、多くの人びとが参加する投票によって、政府職員を選び、その職位にあてることだ。選挙は原則として、無記名の秘密投票でなければならない。当選は、多数によらなければならない。（選挙には、単純多数決以外に、さまざまな決定方法がある。どれにも利点と欠点があり、投票の逆理など、不合理な結果を避けることができない。興味のある読者は、佐伯胖『「きめ方」の論理』（東京大学出版会、一九八〇年）ほかを参照されたい。）

＊

政府職員を選挙で選ぶ重要な目的。選挙で選ばれた職員には、原則として任期があり、任期が終われば解職されることである。誰かが統治権者になっても、権限をもつポストに就いても、任期が終われば退職するから、権限がその人個人のものになることがない。民主主義では、政府の上級職員は、選挙で選ばれることが望ましい。あるいは、選挙で選ばれた職員に、任命されることが望ましい。その場合には原則として、選んだ職員と同様の任期が課せられる。これも、権限が固定しないための工夫である。

政府の下級職員は、上級職員の監督を受けるので、権限を濫用する可能性をあまり心配しなくてもよい。

＊

アメリカ合衆国の大統領は、国王と違って、選挙で選ばれ、任期がある点が画期的だった。古代ローマの統領制が、任期があったのを参考にしたのであろう。ともかく、選挙と任期は、民主主義の大事な仕組みである。

共に自由に生きる

民主主義は、憲法と法の支配と選挙とを、大事な柱とする。

民主主義は、人びとが、誰もが共に自由に生きるための枠組みを提供する。誰かが自由であ(りすぎ)ることが、ほかの誰かの自由を奪ってはならない。民主主義は、誰かの過剰な自由に対して、自分の自由を守るための仕組みなのである。

*

誰かの過剰な自由とは、まず、犯罪である。犯罪は法に反する。不正義である。犯罪者を剣で懲らしめる。統治者はこのためにいる。「ローマの信徒への手紙」13章がのべる通りである。

つぎに、この統治者が、不正義を行なうかもしれない。人びとの自由を抑圧する。統治者が大きな行為能力をもち自由であることが、人びとの自由を脅かす。この第二の問題に立ち向かったのが、民主主義である。民主主義は、長く困難な戦いののち、ついに勝利を収めた。それが、憲法と法の支配と選挙である。

*

だから民主主義の本質は、制度にあるわけではない。制度の根底にある、思想にある。人びとの自由をそこなわないこと。そして、法と公正と正義を守ること。制度はその手段なのだ。

民主主義は時代遅れか

ところが、民主主義があまりよいものに思えなくなってきた。

民主主義がこの社会の問題に向き合い、正しく解決する道筋を与えるという実感がもちにくくなった。民主主義を命懸けで守った父祖たちの努力は、もう昔の語りぐささでさえなくなっている。

＊

民主主義がいまの時代に対応できないことには、根拠がある。

民主主義は、国民国家（ネイション）を前提にする。国民国家の政府を、有権者が運営する仕組みである。政府は、税をとり、法律を制定し、公共サーヴィスを提供し、補助金を配る。国内の資源の再分配もやればできる。でも、国境を超えたグローバル世界に対して、できることは少ない。

冷戦が終わり、産業のグローバルな再配置が本格的に始まった。資本や技術はやすやすと国境を越え、労働力や生産設備の最適な組み合わせを追求する。生産拠点は中国や東南アジアやラテンアメリカや…に移り、先進工業国は発展のスピードにブレーキがかかる。大企業は余裕がない。労働配分率が下がり、勤労者の所得は伸びず、中流階層がやせ細る。若い人びとは親のキャリアを上回ることがむずかしくなり、結婚もできず、少子化が進む。政府の負債は積み重なり、年金も医療保険も破綻に向かっている。

こうした時代の流れに、民主主義が立ち向かうのはむずかしい。

資本も情報も、国境を越えて行き来する。大企業や資産家は海外に拠点や資産を移して、節税（脱税）をはかる。ひと握りのスーパーリッチが巨万の富を手にするいっぽう、圧倒的多数の人びとが健康や教育の機会や…を奪われて、貧困線に沈んでいく。民主主義のモデルケースとみられていた先進国でさえ、軒並みこうした状況だ。

国内政治（民主主義）には、打つ手なしである。

＊

先進国に追いつく（キャッチアップ）には、民主的な体制でないほうが有利かもしれない、とかつてみられた。開発独裁である。強大な権力で資源を動員し、経済発展を起動させる。発展が軌道に乗ると、そのうち民主主義に移行する、とされた。

中国の経済発展は、この図式から完全にはみ出している。民主主義とは正反対の専制的な権力が、経済発展につれてますます強力となり、世界経済に圧倒的な影響力をもつに至った。民主主義とは違った専制的な権力のほうが、むしろグローバル経済にうまく適応しているのではないか。人びとは、民主主義への自信を失い、懐疑を募らせている。

民主主義の連合

グローバル経済は、世界でひとつの市場メカニズムである。人びとは、同一のゲームに参加する。しかし人びとは、同一の条件でゲームに参加するわけではない。市場が公正であるためには、同一の条件でゲームに参加する必要があるはずだ。

＊

たとえば、ある国の市場では、どの企業も決まった税を払い、従業員の社会保険料を払っている。ところがある企業だけ、税も払わないし、社会保険料も払わないですませているとする。どうなるだろうか。その企業だけ利益があがりやすく、業績もいいだろう。競争力があるのでシェアを拡大し、投資家から資本を集めることもできる。

これは公正だろうか。公正でない。国民国家には法律があるから、政府は法を根拠に、この企業を取り締まり、市場に公正を回復することができる。

国際経済では、一国経済のようなわけにはいかない。国民国家と違ってたったひとつの法律があるわけでもないし、取り締まり権限のある政府も存在しない。各国政府はむしろ税率を引き下げたり、規制をゆるめたりして、海外の企業の誘致をはかる。どこまで不公正なことを合法的にできるか、という競争である。

*

国内では不正なことが、国際社会では不正とされずにまかり通る。

ある国が民主主義ではない、専制主義だ、というのは不公正の一種である。民主主義なら政府は、国民の要求に耳を傾けなければならない。経済成長しさえすればよいという政策運営はできない。専制的な国家は、税金も社会保険料も払わない不正な企業と、同様な存在なのだ。

国際経済を公正に運営する。世界の人びとが手を携えて、平和で豊かになる。それにはどの国も、民主主義を採用して、同じルールでグローバル市場に参加するのが正しいやり方だ。実際に、むずかしいことはよくわかる。それでもこれが、唯一の正しい目標なのである。

民主主義のルールを共有する国々が手を携えて、ネットワークをつくる。そして、ルールを外れた国が不当な利益を収めることがないような、共同行動をとる。高率の関税をかけたり、経済関係の遮断（デカップリング）をしたりする。

これは、実際にやろうとするとハードルが高く、困難かもしれない。困難で、民主主義のネットワークが有効な手を打てない場合は、国際社会は将来にわたって、ずっと大きな代価を払うことになるだろう。

民主主義と言論

民主主義の重要な特徴のひとつは、言論の自由があることである。

言論の自由。言論である限り、誰が何を言ってもよい、というルールである。言論は、行為ではない。行為は結果をうむ。ほかの人びとに不都合な結果をうむ行為は、不法行為であり、犯罪である。人びとの自由に対する侵害である。それは、法のルールに反する。

言論の自由は、法のルールによって保護される。言論の自由を（とくに統治者が）奪うことは、許されない。

このため、民主主義の社会では、つねにさまざまな言論がうみだされる。人びとはそれを聞いて、さらに言論をうみだす。こうして時間はかかるが、議論がよりよいものに洗練され、すぐれた意思決定に導かれる。これが、選挙という制度の前提だ。

＊

言論の自由を侵害することは、したがって、民主主義のルールに違反している。権力はこのルールを犯すことができない。

民主主義の原則。自由を守るために、法がある。権力を制約するために、法がある。権力を法によって制約し、自由を守るのが、民主主義である。

権力のペシミズムを越える

民主主義は、権力を法の枠に閉じ込めて、人びとの自由を損なわないようにする制度である。法は、権力を制約する。ということは、法は、制約された権力だということだ。

民主主義は、法の支配に立脚する。法は、社会のすみずみにまで行き渡って、人びとの日常生活と共にあり、自由を守っている。ということは、権力は、法に姿を変えて、社会のすみずみにまで行き渡っているということだ。

＊

法に従う。これは、人びとの一致した意思である。なぜならすべての法は、人びとの契約（一致した意思）から導かれるからだ。

人びとの意思の整合性がはかられている。これは、権力がはたらかないで、人びとの自由が最大限に守られるよう整えられたかたち（権力が裏返ったかたち）である。

このように、自由と権力は、法を間に挟んで、裏返しになっている。

＊

法が社会の至るところにある。それは、権力がかたちを変えて、社会のいたるところにあるということである。

となれば、権力について改めて考察しなおし、定式化しなければならない。それは次章(第6章)で行なおう。

*

権力が至るところにある。この主張は、マルクス主義の主張でもあった。フーコーの主張でもあった。権力についてのペシミズム。権力は悪いもので、いたるところにあるが、除去できない、と考えるペシミズム。いまやありふれた見解かもしれない。

だが、民主主義を正しく捉え直すならば、こうした権力のペシミズムは間違っており、不健康であると言える。権力は、至るところにあるとしても、法によって可視化できるし、制御可能である。民主主義は、これまでに人類がうみだした、権力に対抗するためのほぼ唯一の制度。つまり、希望の制度である。

パーソンズと権力

さて、さまざまな社会(科)学者がこれまで、権力を論じてきた。成功しているとは言いにくい場合が多い。

たとえば第3章でも紹介した、社会学者のタルコット・パーソンズ。パーソンズは時期によって、いろいろ議論が変わっている。もっとも有名なのは、AGIL図式であろう。社会を、さまざまな行為からなる社会システムである、とまずとらえる。そのうえで、社会システムは、存続に必要な機能を果たすため、部分システムを分化させるという。Aは経済、Gは政治にあたる部分システムだ。そして、部分システムは分担する機能を果たすべく、アウトプットをそれぞれ生産し、それを部分システムの境界で交換する。

たぶん当時流行していたシステム論の、語り口に影響されたモデルであろう。政治や権力を社会システムのある部分が分担するという発想に無理がある。社会を機能の連関とみるのは、社会を生物のようなものとみる有機体説の一種であろう。パーソンズの社会システム論は、どのヴァージョンも、さまざまな論理的不整合を抱えている。法や権力についての深い洞察があるとも言えない。

ルーマンと権力

同じく社会学者のニクラス・ルーマンは、パーソンズの構造＝機能分析に触発されて、独自の社会システム論を展開した。ルーマンのシステム論はパーソンズよりずっと本格的で、「複雑性の縮減」ほか重要な概念を用いて、機能主義の理論をグレードアップした。ただルーマンもパーソンズと似ていて、愛や権力などのメディアによって、社会システムのなかに部分システムが形成されるとする。権力をメディアの一種ととらえることで、どれほど有望な考察が新しく開かれるのか、はっきりしない。

フーコーと権力

フーコーは、権力を、主体や意識や自由や理性の背後からしのび寄る非合理で不可解な力、と理解する点で、近代に対して懐疑的である。それが避けられないというのだから、ペシミスティックと言ってもよい。この立場から、歴史的な射程をもったさまざまな実証的な仕事を通じて、権力のはたらくさまを特定していく。理論的な仕事というより、歴史学的な仕事だ。

フーコーの権力論は、実は、権力がどういうもので、なぜ力を及ぼすのか、その説明がない。この点は、すでにのべた通りだ。権力論ではあっても、権力の理論ではないのである。

もっとも問題なのは、いまこの近代社会の権力のあり方(たとえば、民主主義)が、コミットすべき制度なのか、それとも打倒すべき制度なのか、態度がそもそもはっきりしないこと。既存の体制であるとみて、いまある民主主義にはたぶん批判的なのだろうが、まとまった議論がない。

リバタリアニズムと権力

リバタリアニズム(自由至上主義)は、個人の自由を重視する。税は、個人の自由(所有権)に対する侵害だからと、反対する。すべての税に反対すれば、社会を離脱するコミューン主義者になるほかはない。そしてそうなれば、コミューンを運営するために自分が税を集めることになるのだが、リバタリアニズムの場合は、警察や軍隊など最低限の政府機能は認め、最低限の税は払う。それ以外の公的サーヴィスのたぐいは、政府が行なう必要がない。民営化すればよい、などと主張する。

リバタリアニズムの奇妙なところは、いちじるしく権力に敏感ないっぽう、いちじるしく権力に鈍感なところである。税はたしかに、統治者の権力行使である。第3章でも強調した通りだ。だが、税があることは、近代社会を含む、多くの発達した社会の本質に属することである。その税を目の敵にして、余計な税を払わないとする態度は中途半端だ。いっぽう、そもそも所有権が法によって守られており、それは権力の一種であり、それを統治権力が担保している、という側面については無関心である。権力理解として、はなはだ一面的であると言わざるをえない。

社会主義と権力

社会主義は、リバタリアニズムと対極的である。

社会主義は、市場経済は結果の不平等と格差をうむ不完全な仕組みであるから、政府の手で是正すべきだとする。その手段は、税を集め、それを財源に必要な是正措置をとることだ。税は、法人の利益や上中流階層の所得から重点的に徴収する。そして、福祉や医療、教育といった公共サーヴィスの財源にあてる。資源の再配分である。

＊

社会主義は、税を集めるだけでなく、もっと直接的に経済活動に介入する場合がある。

ケインズは、不況で失業が増えた場合、政府は赤字国債を発行して公共事業を行ない、有効需要を喚起して、景気を上向かせるべきだとする、総需要管理を提案した。ケインズ政策である。

社会主義政権は、私企業を国有化するなどして、もっと直接に市場に介入する場合もある。戦時統制経済なども、同様の効果をもつ。

中国の社会主義市場経済の現状は、市場経済に対する政府と共産党の統制が、危険な範囲に逸脱した実例である。

＊

社会主義は、国家と権力を、実体としてとらえる。政府の権力を使って市場と社会に介入しようと考えているのだから、当然である。

マルクス主義は、国家と権力を、実体のない上部構造（イデオロギー）だととらえる。権力を奪取して、革命を行なおうとするのだから、当然である。奪取した権力は、しばらく共産党の手にある。プロレタリア独裁である。その限りではやはり、権力は実体なのである。いずれ権力はなくなる、と口では言うが、それは、だからいま実体としてある権力を、この手に握ってもかまわない、と言うためである。そう言う本人が、やがて権力がなくなることを信じていない。

想像の共同体と権力

近代国家は「想像の共同体」である、という議論がある。政府と権力は実体でない、と知って安心したい人びとのあいだに広まっている。近代国家は、教育や出版の技術によって生み出された根拠のない信憑だ、というわけである。構築主義の一種である。

議論は実証的で、理屈として正しい部分がある。

＊

この議論は、資本主義の国家も権力も、上部構造（イデオロギー）であるとした、マルクス主義の主張を水で薄めたものである。マルクス主義は、革命を起こして国家権力を奪取するのだから、その主張は本気だった。想像の共同体を唱える人びとは、革命を起こす気などない。むしろ、どんな行動も起こさないことの言い訳になっている。

近代国家は想像の共同体である。そうですか。あると思えばある、ないと思えばないのですね。でもあなたは、税金を払ってますよね。年金にも加入してますね。健康保険にも入ってますね。泥棒が入れば警察に連絡しますよね。日本銀行券も使っていますよね。それって、近代国家をあるとしか思っていない、ということじゃないですか。

＊

共同幻想と権力

「想像の共同体」より早く、吉本隆明が、国家は「共同幻想」である、と唱えた。これは、マルクス主義と格闘するなかから生まれた考え方だ。

マルクス主義は言う、政府も権力もイデオロギーである。社会の実態は経済であり、生産力と生産関係であり、階級闘争である。暴力である。暴力を包み隠したものが、権力である。支配階級の権力と闘うためには、暴力を用いるしかない。暴力を用いるためには、人びとが共産党のもとに結集し、共産党の指令に従わなければならない。要は、対抗権力に従え、絶対に従え、である。

権力と闘うために、権力に従う。これはおかしくないのか。

資本主義のもとにある政府も権力も、間違っている。共産党は正しい。だから、共産党の指令に従え。なるほど。でも、共産党が正しいと誰が証明したのか。共産党が証明した。それは、証明になっているのだろうか。

＊

権力は悪である。だから、どんな権力にも従わない。これがアナキズム（無政府主義）である。いちおう、すっきりした態度である。ただ、対抗権力を組織できなくなる。

権力には、正しい権力と、正しくない権力がある。そして、権力が正しいかどうかを、権力が決めてはならない。これも、ひとつの態度である。これだとマルクス主義にはならない。

権力は、自分がそれに同意した場合だけ正しい。これも、ひとつの態度である。この態度は、社会契約説に通じる。

共同幻想のポイントはどこか。人間は不可避に、幻想をもつ。それには正しいも、よいも悪いもない。幻想は、集団生活のなかで、自己幻想／対幻想／共同幻想、に分かれる。それにも正しいも、よいも悪いもない。そして、対幻想と共同幻想は逆立する。その共同幻想が、ある条件下で、権力に転化する。この段階で、悪いものになる。そこで、権力の生成のメカニズムを逆にたどれば、権力を解除できるのではないか。

要するに共同幻想論は、対抗権力によることなしに、権力に対抗できないか、という可能性の提案である。

共同幻想から権力への転化は、マルクス主義にいう、私有財産の発生に対応する。これを解除するのが、私有財産制度の廃止だ。いっぽう、共同幻想から権力への転化は、それを解除するプログラムの提案がない。

共同幻想の議論に従うと、マルクス主義の立場に立つことはできない。かと言って、なにか代わりのプランがあるわけではない。ただ、権力の本質は幻想なのだと認識する。この点、想像の共同体の議論と似たような結果(つまり、何もしなくていいことの言い訳)になる。

社会ゲームの本質

「想像の共同体」の議論は、誠実に練り上げられているのかもしれないが、その結論は居心地のわるいものとなる。自分たちの生きるこの社会の、成り立ちとそのルールについて不満で納得できないのに、それを取り除くプランもなくアクションもとれないからである。

社会ゲームは、途中で退出できない。人間は誰もが、生まれてみたらもう社会は始まっていて、そのルールに合わせて生きるしかなかった。そのルールを、おかしいとか不満だとか思っても、それでそのルールがなくなるわけではない。

生きるとは、社会ゲームにコミットすることである。自分がルールに従い、この社会を支える、ということである。コミットしないで、この社会になにか発言することはできない。社会を言語ゲームとしてとらえるなら、これが考え方と生き方の基本になる。

＊

資本主義は嫌だ。権力は嫌だ。この世界は不完全だから嫌だ。格差があるから嫌だ。不平等だから嫌だ。近代の国民国家は、自分になんの断りもなく出来上がった。気に食わない。勝手にやっていればいいじゃないか。

こういう態度を誰かがとったとする。彼(女)は、くそったれの資本主義よりましなのだろうか。空虚な近代国家より偉いのだろうか。

対象と距離をとり、対象を批判し、対象が無意味で無価値であるとし、そのことで自分が知的に優位であると証明する。これがスノビズムである。

＊

マルクス主義は、資本主義と近代の国民国家に取って替わる、有力な代替案だった。それが説得力を失った。

西側世界には、ポストモダンのさまざまな思潮が残った。マルクス主義が自壊してブラックホールに吸い込まれた反動で、吹き飛ばされた夢想と追憶の破片だ。

あと残っている代替案は、イスラム復興や、中国の特色ある社会主義や、…である。西側世界が採用するわけにはいかない。

＊

そもそもなぜ、マルクス主義は自壊したのか。

権力についての正しい理解を持たなかったからだ。

権力を暴力から派生したものとし、暴力を悪とした。悪である権力を排除するため、対抗権力が必要だとした。階級闘争を軸にした一貫したストーリーをこしらえた。だが、社会と人間に対する洞察が不十分だった。とても不十分だった。

権力は、社会にそもそもそなわっている。権力は、社会ゲームと共にある。社会から、権力をなくすことはできない。権力は社会のなかで、一定の役割をもっているからである。

マルクス主義は、権力を理解し損ない、社会を理解し損なった。そのために、多くの人びとが苦しみ、犠牲になった。マルクス主義をほんとうに克服したければ、そして、資本主義や近代の国民国家に代わる代替案を構想したければ、まず、権力についての理解を深めなければならない。

＊

人間は誰も、社会ゲームをのがれることはできない。社会ゲームを否定することもできない。社会ゲームにコミットしつつ、それを内側から変えてゆくことができるだけだ。

そのために、第6章では、権力と社会について基本となることがらを、まとめて考察しよう。

第6章 権力と社会

権力はどのような事象であるのか。そのおおまかな様相を描いてきた。

権力は、社会を成り立たせる根本的な作用のひとつである。

社会を記述するのには、権力の概念が必要だ。

性と言語

権力が重要だと言っても、権力の作用だけで、社会が記述できるわけではない。

少なくともあとふたつの作用——性と、言語と——が必要である。

性についても、言語についても、これまでいくつか本や論文を書いてきた。ここでは、性／言語／権力の関係について、簡単にまとめてみる。

＊

まず、すべての前提として、物理力(自然の作用)がある。

社会は、この世界に存在している。社会は、人間の集まりである。人間は、ほかの物体と同じように、モノとして存在している。モノであるからには、物理力(自然の作用)のもとにある。物理力に反する出来事が、この世界で起こることはない。

物理力(自然の作用)が、モノ(この世界の出来事)をどのように支配しているのか、明らかにするのが、自然科学(science)である。自然科学は、信頼すべき知識である。ただし不完全で、完成をめざしてつねに発展している。

＊

自然科学で、人間や社会を説明できるか。

遠い遠い将来には、可能なのかもしれない。そのときには、自然科学と社会(科)学との境界はなくなる。

しかし、そのときが来るまで、自然科学とは別に、社会(科)学が必要である。社会(科)学は、人間と社会を研究対象にする。人間と社会は、自然科学にとって不透明な存在で、物理力(自然の作用)を組み合わせたモデルによっては、表現できないからである。

＊

人間は、モノであって、モノ以上の存在である。なにより人間自身が、そのような態度で生きている。モノを壊せば、器物損壊である。人間を壊せば、殺人である。この両者はまったく違った出来事だ、と人間は考える。モノにはそこそこの価値しかないが、人間には大きな価値がある。それ以上に価値あるものはないと言えるほどである。人間は、周囲の人間をそのように扱い、自分をそのように扱う。そのことに根拠があるか。あるとしても、自然科学では説明できない。このように、人間や社会と、自然科学の扱う自然現象とは、切断されているのだ。

このことを自覚的にのべたのは、ソシュールである。彼はそれを「恣意性(arbitrarité)の原理」とよんだ。レヴィ＝ストロースは、自然と文化の切断、とのべた。

＊

ではどうするか。この切断のこちら側に、人間と社会の領域がある。人間と社会の領域は、物理力(自然の作用)によって支えられているとしても、物理力(自然の作用)の側に還元できない切断によって、切り離されている。言い換えれば、自然科学では根拠づけられない前提によって、基礎づけられている。そのように考えるのでなければ、学問的に議論を構成できない。

ヴェーバーはその前提を、意味だと考えた。そして、理解社会学を提案した。

フロイトはその前提を、人間の欲動のメカニズムだと考えた。そして、精神分析を提案した。

本書はその前提を、言語であると考える。そして、言語派社会学を提案する。

＊

言語の能力をもつことで、人間は人間である。

言語は、身体を用いて形式をうみだし、それと共に、意味をうみだす。形式は、身体を離れ、身体と身体のあいだを伝播しうる。これが、言語のあり方である。人間と社会の成立にとって、根源的な出来事だ。

言語は、人間と人間とを結びつける。社会を成立させる。そして言語は、社会に、言語と違ったあとふたつの作用を出現させる。ひとつは、性。もうひとつは、権力。性は、言語より至近で、身体と身体との間ではたらく。権力は、言語のように遠隔にまで、そして言語とは別の仕方ではたらく。

権力の特性

ところで、身体とはなんだろうか。

人間は、モノとして存在する。その存在を、人間自身が、ひとつの出来事としてとらえるなら、身体である。だから身体は、単なるモノでも、自然現象でもない。

身体は、行為の土台である。身体はふるまう。身体は、言語を発し、言語を受け取る。言語は意味をともなって、身体と身体とのあいだを行き来する。

＊

身体は、言語を介することなく、身体同士で直接に関係する。このはたらきが、性である。性は、プラスにはたらく場合(相手の身体を肯定する場合)は、性愛であり、マイナスにはたらく場合(相手の身体の存在を否定する場合)は、暴力である。

人間が人間から生まれる。この身体と身体の関係は、究極の性の関係である。生まれたあとも、性の関係は、血縁関係として継続する。

＊

人間は、めいめいに意思をもっている。意思は、その人間の行為を成り立たせる。ある人間の意思は、それ自身にもとづいて決まる。ほかの人間によって左右できない。外部からは接近できない、不確定な領域である。そのため人びとは、それを確認しようと、不断に言葉を交わしている。その意思が整合的に配列される場合に、人びとは集合的に整合的に行為できる。人びとの意思が整合的に整列されるのは、ルールのはたらきかもしれない。ルールのあるところには、言語ゲームがある。社会は多くの言語ゲームで埋め尽くされている。

人びとの意思が整合的に配列されるのは、権力のはたらきかもしれない。権力は人びとの、不確定であるはずの意思を貫いて遠隔にまで作用できる。このはたらきは、言語と並ぶものであるが、言語と異なるはたらきである。

意思とルール

人びとの意思と言語ゲームの関係について、考えよう。

人間は、ルールに従うことができる。ルールは、モノのように存在するのでない。人びとのふるまいを成り立たせる秩序である。人びとはルールに従ってふるまう。ルールは、人びとがルールに従ってふるまう限り、そこにある。人びとがふるまうのをやめれば、言語ゲームは消失する。（ただし人びとは、ルールをまた思い出して、言語ゲームを再び始めるかもしれない。一度やめた鬼ごっこをまた始めるように。）

＊

人間は、ルールに従おうと意思しないと、ルールに従うことができない。

だから、人びとがあるルールに従ってふるまっているならば、人びとの意思は整合している。鬼ごっこが続いているのは、人びとが、鬼ごっこをしようとずっと思っているからだ。(でも、鬼ごっこは、そのうちやめになる。)家族が続いているのは、人びとが、家族でいようとずっと思っているからだ。(家族は、そのうちやめになるかもしれない。でも家族をやめて、どうしよう。)

言語ゲームのルールは、このように、人びとの意思を整合させる。

では、言語ゲームのルールには、人びとをこの言語ゲームにつなぎとめるはたらきがあるのだろうか。

ゲームにつなぎとめる

鬼ごっこは、有限ゲームである。自由に始められるし、自由に終わることができる。

社会は、社会ゲームである。誰かが始めたのではなく、もう始まっていた。終わろうと思っても、終わることができない。死んで、社会ゲームを退出するしかない。

何が、人びとを社会ゲームにつなぎとめているのだろうか。

それは、人びとが、それ以外の生き方をしらないからではないか。

＊

人びとは意思して、言語ゲームのルールに従っている。けれども、そのことを意識できるとは限らない。

たとえば、言語。言葉をしゃべっているとき、何をしゃべっているかは意識できる。しかし、どういう言語のルール(文法)に従っているのか、意識しない。意識できない。人びとは、言語のルールを意識しないで、そのルールに従っている。ということは、そのルールから離れることもできない、ということである。そのように、ルールは人びとをつなぎとめる。

＊

ある地域が多言語であるとする。もともと言語Aを話していたら、言語Bを話す人びとが移り住んできた。そのうち、言語Aと言語Bを解する人びとが増えた。どちらの言語を話すかは、意識して切り換えられる。それぞれの言語のルール（文法）はあいかわらず意識できないままでも、両方の違いの一端は意識できるようになる。

この地域の人びとに、政府が命令した。これからは言語Bを用いるように。言語Aを用いると罰せられる。こうして、言語Aではなく言語Bを用いるようになったとすると、人びとをそのルールにつなぎとめているのは、言語Bのルールというよりも、政府の命令である。

どんなに根本的なルールでも、選択できるようになれば、人びとはそれを意思して選びとる。そこに自由があるならば、権力がはたらきうる。

＊

結論として。

人びとが社会ルールに従っている。そこにたったひとつの選択肢しかないなら、人びとはそのことをおそらく意識しない。ルールは、人びとの意思を整合させている。けれどもそれは権力ではない。そこには、人びとの意思の自由がないからだ。

言語ゲームがひとつしかないとき、ルールは人びとを固くつなぎとめる。

逃亡奴隷

古代に奴隷制が始まった。奴隷制はつい最近まであった。

奴隷制は、ある社会Aが別な社会Bを征圧し、Bの人びとをその社会ルールからひき剝がして、自由を奪い、奴隷として社会Aに属させることである。人びとは選択の余地なしに、奴隷とされてしまう。

奴隷として、社会Aを生きていく。奴隷となった人びとをつなぎとめているのは、権力である。人びとは、自由を奪われ、意思に反して、奴隷にされていると意識できる。

＊

奴隷が自由を手に入れるのは、ほぼ不可能だ。

そこで奴隷は、逃亡する。ジャマイカやハイチでは、プランテーションを見下ろす山のなかに、逃亡した奴隷の奴隷のコミュニティができあがった。

ルイジアナでもフロリダでも、逃亡奴隷のコミュニティができた。ルイジアナの逃亡奴隷は、植民地を襲撃した。フロリダを拠点にしていたスペインは、奴隷がフロリダに逃亡してカトリックの洗礼を受け、銃をとって戦えば自由を与える、とジョージア側の奴隷に宣伝した。

奴隷制があるところには、必ず逃亡奴隷がいる。旧約聖書の出エジプト記は、エジプトでの奴隷身分を逃れる話だった。自由(liberty)は、奴隷でないことをいう。

＊

奴隷が奴隷でなくなったとして、ほんとうに自由か。奴隷でない人びとは、自由か。奴隷でないという意味では自由だが、だからと言って、何かが積極的にできるわけではない。人びとは社会ゲームに貼り付けられている。多くの職業は世襲である。人生の選択肢は限られている。農民は土地に根を下ろして生活する。農民のあいだを、商人や職人や芸能者が移動する。農民には、彼らが自由にみえる。では、彼らが自由かと言えば、そうでもない。ほかの選択肢がないからそうしているだけかもしれない。

身体の自由

さて、自由の土台は身体である。

人間は、一人ひとり、身体として生きている。身体は、手足があり、発声ができ、随意に運動できる。飲み、食べる。身体を保護し生命を守るのは、各人に任されている。つまり身体は、自由の土台である。

*

人びとが言語ゲームに加わるとは、人びとが身体をもって言語ゲームに参入し、そのふるまいがルールに合致することである。

ある言語ゲームに、人びとの身体が参入したり、それを離脱したりする。どの身体も、いくつもの言語ゲームのルールに従い、参入したり離脱したりする。このさまは錯綜している。

基幹となるのは、社会ゲームである。社会ゲームは、言語や、家族や、さまざまな無限ゲームからなる。そこから離脱することは考えにくい。

その周囲に、参入や離脱が可能な、いくつもの比較的に持続的なゲームがある。

＊

人びとが自由であって、具体的なある言語ゲームに対して、参入するかしないか、離脱するかしないかの態度をとれるのは、身体としてあるからだ。

身体には、本人以外のほかの誰かが身体を左右できないという、根源的な自由がそなわっている。それは、人間は誰でも、本人以外のほかの誰かが左右できない、そのひとの意思をもっている、ということである。

身体は、人びとの意思と社会（言語ゲーム）とをつなぐ、特別なモノである。

間身体的な作用

社会を、身体が集合したひとつの特異な場、とみることができる。

その根底は、物理力（自然法則）によって支えられている。しかし、身体として存在する人びとの一人ひとりには、意思がそなわっている。意思はそれぞれ、自由に動く。意思と意思との関係は、物理力（自然法則）とは無関連化されている。

では、身体と身体は、どのような作用（はたらき）によって結ばれているのか。社会はどのように構成されているのか。

身体の最大の特質は、言語を発し、言語を解することである。
＊
言語は、連続的な音声のうえに対立(oppositions)を設定し、それを有意味に用いるところに成立している。ソシュールが指摘したとおりだ。

言語はどのように複雑な秩序として組み立てられているのか。それはだいぶ詳しい話になるので、省略する。ともかく人びとはそのルールを理解し、言語を用いる。言語は、意味をもつ。言語は疑問や、感情や、態度や、意志や、約束や、命令や、…さまざまな言語内の行為を可能にする。同じ言語を、その社会の人びとが用いることで、人びとは意味を共有し、意味世界を共有することができる。
(簡単にのべたが、これもまたいくらでも詳しく語り直せる。機会があればのべてみたい。)

その1・言語

言語の本質は、形式である。形式は、人間の思考が設定したもので、モノではない。形式は、身体から自立し、個々の人間からも自立して、身体と身体のあいだを行き来する。言語の作用は、身体や個々人ではなく、社会空間に属する。

よって、つぎのように言うことができる。

［1］言語は、意味をともなった形式として、身体と身体のあいだではたらく、間身体的な作用である。

物理的・生理的なモノとしてみるならば、人間の身体と、動物（類人猿）の身体とのあいだに、決定的な違いはない。違うのは、人間がたまたま言語を用い、社会を組織する点である。言語の土台であるモノが、身体なのである。

もしも遠くない将来、器械が言語を用い、意思をもったならば、その器械は身体となるだろう。社会の範囲は、拡張される。だがこれは、また別の複雑な話である。

＊

言語の到達距離は、どれだけであるか。

音声による場合、それは、聞こえる範囲である。音声の言語は、聞く端からかき消えてしまい、人びとのあいまいな記憶のなかにしか残らない。

伝聞（伝言）の場合、言語の到達範囲はさらに伸びる。けれども不確定さが増す。身体（誰か別の人間）を中継点とするたびに、意味が失われ、変形される。

遠い伝聞によって伝えられる言葉は、現前する身体を超え、現存する社会ゲームの外部からやってくるように体験される。それは、その社会にとっての事象の地平線のように、その向こうには越えて行けない壁である。神話や伝承は、こうしたものだ。

文字は、身体の代わりに形象を経由する、言葉の伝達の方式である。文字は、読めさえすれば、時間や空間を超えてどれだけ遠隔にも到達できる。書物が著され、人びとの規範となる正典（canon）の位置を占めたとき、大宗教が発生した。

その2・性

身体と身体は、言語を介さなくても、直接に関係しうる。性愛や暴力の世界である。このことについてはすべてにのべた。

よって、つぎのように言うことができる。

［2］性は、身体と身体とのあいだで直接にはたらく、間身体的な作用である。

性は、作用距離が至近である。身体と身体の直接の関係であるからだ。遠方にはたらくことができない。

人びとは、言語を用いるので、性に関わる領域にも意味を与え、言語で表現する。性は言語で表現できるが、しかし、言語を超えている。身体の存在が賭かっているからだ。

性は、性愛と暴力のあいだの振れ幅がある。その両極には、生と死がある。これを、スペクトルとして描くならば、

生 ―― 性愛 ―― 0 ―― 暴力 ―― 死

のようである。

その3・権力

そのつぎに、身体と身体のあいだにはたらく作用は、権力である。言語と権力は関連する。言語がなければ、権力ははたらくことができない。そしてどちらも、遠隔まで作用する。しかし、言語と権力は独立である。言語は、意味作用である。それに対して権力は、人びとの意思にはたらきかけ、自由を左右する。

性と権力は関連する。権力はしばしば、暴力（つまり、性）を含意する。しかし、性と権力は独立である。性は、身体の近傍ではたらく直接の作用である。権力は、遠隔まではたらく間接の作用である。

＊

では、権力とはどのようなものか。

人びとは一人ひとりが、意思をそなえている。意思は外部から左右できない。めいめいの思いに従っていつもそのあり方を変えている。そして、行為をみちびく。（意思は、量子コンピュータが量子を操作しようとするときのように、不確定でつかまえにくい。）人びとの意思は、整合するとは限らない。人びとは、自由なのである。このような人びとの意思が、整合的に配列する場合が、権力である。

いわゆる未開社会の場合。権力は権力として、姿を現すことが少ない。社会は贈与と互酬のネットワークに包まれていて、人びとは自分の自由な意思を、自由であると意識する機会が少ない。

王は、権力の明確な現れであった。王は、王に服従する人びとを従えている。王に服従するゲームでは、人びとの自由が制御され、意思の整合性が確保される。王に服従する人びとは自発的にルールに従っているのかもしれない。しかし、王に服従するゲームの外にいる人びとには、王が臣下に権力を及ぼしている、とみえる。王が、彼らの自由を制御し、王の意思を実現しているからである。

王が臣下を服従させていることは、それ以外の人びとにとっても、威力である。これは、王に税を支払う動機となる。こうして、王のいる社会ゲームが運行し始める。

＊

王のいる社会ゲームの、どこが権力なのか。

王に服従するゲームに加わっている人びとの、意思が整合している（a）。そして、王に税を払う人びとの、意思が整合している（b）。（a）が原因で、（b）が結果なのかもしれない。（b）が原因で、（a）が結果なのかもしれない。おそらく当人たちにもわからない。そして、（a）と（b）とは、ひとつのルールに従った、ひとつのゲームではない。それでも（a）と（b）を合わせて、人びとの意思が整合している。ルールによらない、意思の整合。これは、権力の重要な特徴である。

ルールに従っているわけではないのに、人びとの自由が制御され、人びとの意思が整合している。そしてこの場合は、ある誰か（王）の意思が、この整合の起点になっている。このような作用が、権力なのである。

＊

王のいる社会ゲームは、権力の素朴な現れだった。

それに対して、王のいない社会ゲームは、社会の全体を、法のルールに従うゲームで覆い尽くし、権力を駆逐しようとする。王に服従するゲーム、税を払うゲームはどちらも、法のルールに従うゲームに置き換えられる。王やその臣下は、職位に置き換えられる。職位にある人びとは、権力ではなくて、権限をもっている。人びとは法に従うことに合意し、ゆえに権限に従う。人びとの合意はこのように整えられ、自由は脅かされていない。

王のいない社会ゲームは、王(権力)をなしにした社会ゲーム。権力を法に置き換えた社会ゲームである。では、権力が法に置き換えられたなら、そこに権力はないのか。

*

王のいない社会ゲーム(法に従う社会ゲーム)に、内属していると、権力は自覚できない。権力はすべて、法と権限に置き換えられているからだ。けれども、この言語ゲームを外からみれば、人びとは根拠なしに、意思を整合させているとみえる。これは、権力なのである。

よって、つぎのように言うことができる。

[3] 権力は、人びとの意思を整合するようにはたらく、間身体的な作用である。

憲法は契約である。契約は合意である。契約は法を根拠づける。それならば、法に従うことは合意であろう。合意であるから、人びとは自由を脅かされない。それならなぜそこに、意思を整合するはたらき(自由を奪うはたらき)が生じうるのか。

憲法制定権力

憲法は、王の権力を、法のなかに折り畳んで封印するフタであった。フタをすると、その中には、契約と法と権限があるだけで、権力も権力者も視えなくなる。人びとは思う、権力はどこにもなくなった、と。

けれども、権力はまだある。王をなしにし、それを法と権限で置き換え、憲法でフタをしよう。そう決めた、集合的意思がある。それは、人びとの合意であるかもしれないが、それまで権力をもっていた王は合意していないはずだ。王にこの集合的意思を押し付けている。それに、憲法にはあの憲法も、その憲法も、いく通りもあるはずのところ、この憲法にすると決めてみんなに押し付けている。これは、意思の整合性をつくり出す、権力ではないのか。

＊

憲法学では、この権力を、憲法制定権力とよんでいた。

憲法制定権力は、憲法の内部にある権力や権限ではない。憲法を超えた権力である。だから、憲法を制定することができる。

憲法制定権力（超憲法的な権力）　⇓　憲法　⇓　法や権限

なのである。

この権力がなければ、憲法は存在できない。憲法があるということは、この権力があるということである。しかし、視えないし、説明できない。ちょうどビッグバンが宇宙の存在の前提であるのに、ビッグバンそのものが物理学で説明できないようなものだ。

憲法学が、憲法学では説明できない権力を想定する。その正体はなにか。

黒い権力／白い権力

権力の本質を、意思の整合性をつくりだすはたらき、と想定した（［3］）。この観点から、権力のあり方の変遷を整理してみる。

まず、交換と贈与によって人びとが結ばれていた社会では、人びとの意思は、互いに整合しない。各自が自分の意思を定めるいっぽう、互いの意思を配慮し影響もしあうからである。図式で示すと、こんな具合だ。

●○●●○●○○●○○　…　（x）

●は、他者の影響で自分の意思が決まる場合。○は、自分で考えて自分の意思を決める場合。社会には、その両方の人びとがランダムに配列されるので、（x）に示すような具合になる。

＊

王（★）に服従するゲームが始まる。王に服従する人びと（臣下）は、王の意思に合致した意思をもつ（●）。王に服従するゲームの外側に、王に税を払う人びとが存在する。王とその臣下は、王に税を払う人びとが王の意思に背かないよう、工夫をこらす。

これが、王のいる社会ゲームである。そのありさまを図式で示すと、こんな具合だ。

（★●●●…●●）　⇕　●○●●○●○○●○○　…　（y）

王に服従する人びとは、服従することの対価を、王から受け取る。王は、すべての人びとに服従を求め、その対価を与えるわけには行かない。臣下ではない、ほかの人びとからは税を集める。仕方がないと税を納める人びともいれば、不満な人びともいる。以上を図示すれば、（y）のようである。

王は、臣下を服従させている。そのことは誰の目にも視える（★●●●…●●）。王に服従するゲームである。この社会には、確かに権力がある。これを「黒い権力」とよぼう。王に服従するとは、その人の自由を手放すこと（○→●）だからである。

*

王のいる社会ゲームを、王のいない社会ゲームに転換する。それには、王の代わりに契約（憲法）をおき、国家主権の樹立を宣言する。そして、憲法のもとにさまざまな法を張りめぐらし、国家機関（職位の集まり）を設定する。人びとは、法に従うのであって、権力者に従うのではない。よって、自由を失わない。

こうして成立する、王のいない社会ゲームを、つぎのように図示することができる。

（☆○○○…○○）　⇕　○○○○○○○○○○○　…　（z）

政府職員は法に従う。権力者の命令に従うのではない。人びとは、法に従う。税も納める。無理やり取られるのではない。人びとの意思は、議会に反映されている。その議会で法を定め、予算（つまり、税額）を決めているからである。こうして、人びとの意思の整合性が実現している。

王のいない社会ゲームには、権力がここにあると、目には視えない。でもその全体に、権力がはたらいている。（そう考えられる理由は、すぐあとにのべる。）これを「白い権力」といおう。

＊

（z）は（y）に比べるなら、権力を解除している。黒い権力（王に服従するゲーム）はなくなった。人びとは、自由である。どこに権力があるだろう。

けれども、（z）を（x）に比べてみるとどうか。ふたつを並べてみる。

●○●●○●○○●○○　…　（x）

（☆○○○…○○）　⇕　○○○○○○○○○○○　…　（z）

（x）では、人びとの意思がランダムで、各人のあるがままに任されていた。それに対し（z）では、人びとの意思はみごとに整合している。これほどにも意思が整合しているなら、そこに権力がはたらいたと考えるべきではないか。

（x）から（z）にはたらいた権力。これは、憲法制定権力に相当するだろう。国家も法もなかったところに、契約（憲法）を結ぶべきだという意思をもちこみ、「憲法と法に従うゲーム」を始めたのだから。

＊

（z）に、権力はあるのかないのか。

権力はない。その証拠に、人びとは自由を保っている。人びとは、めいめいの自由意思にもとづいて契約（憲法）を結び、法に従い、合意して税を払っている。王のいない社会ゲーム（憲法と法に従う言語ゲーム）の内側からみるかぎり、権力はどこにも見つからない。

権力はある。その証拠に、人びとの意思は整合している。なぜ整合しているのか。人びとの本来の状態（x）に対して、（z）への移行を迫る権力がはたらいたからだ。王のいない社会ゲーム（憲法と法に従う言語ゲーム）を外からみるかぎり、権力は明らかにそこにはたらいている。

これを、言語ゲームの内的視点と外的視点の違い、と考えてもよい。内的視点と外的視点については、先に『言語ゲームと社会理論』の一三九ページ以降で論じておいた。

＊

（z）には、「白い権力」がはたらいている。

意思が整合する／整合しない

権力を、人びとの意思を整合させるはたらき、と定義した。

人びとの意思が整合するとか、しないとかは、どういう出来事なのかをまず考えてみるべきだ。

＊

人びとがなにかの言語ゲームに属しているなら、人びとのふるまいは一致している。つまり、意思は一致している。たとえば、同じ言語を話している。モノを所有するというゲーム、生命を大事にするゲーム、…。人びとは、ルールに従っているだろう。そのかぎりで、意思は一致している。

これは、ルールに従っているがゆえの、意思の整合性である。

人びとは誰もが、いくつもの言語ゲームに属する。言語ゲームに属するには、そのルールに従う以外にない。ルールに従わないという余地(自由)がない。よって、ルールに従っていることそのことは、権力ではない。

同じひとつの言語ゲームに属しているとは言えない人びとの意思が、整合するか否か。これが権力の焦点である。

＊

意思が整合するとかしないとかは、そもそもばらばらである人間が、一致して行動する可能性があるときに問題となる。高い山を挟んで、こちらの村とあちらの村が、連絡がない。一致して行動できる可能性がない。よってそこには、権力のはたらきようがない。両村の人びとは端的に無関係だ。

人びとが一致して行動する可能性は、コミュニケーションに依存している。

身近に暮らす人びとは、しょっちゅう言葉を交わしている。少し離れていても、通婚したり、祭礼などの機会に協働したりする。

＊

道路や水運が開かれ、人びとが往来し、物資が移動する。文字が情報を伝え、軍隊が移動する。これまでよりずっと広い範囲の人びとが、協働する可能性がうまれる。人びとの意思が整合しさえすれば。権力は、その整合をもたらすのだ。

権力は、人びとの可能性が拡大し、自由に行動するようになった社会で、意思の整合性が実現する場合である。人びとは自由(○)だったのに、それが裏返って自由がなくなる(●)。そのこと自体はマイナスかもしれないが、協働の成果がプラスとなって、埋め合わせられるかもしれない。

＊

逆に、意思が整合しないとはどういうことか。

こちらの人びとがこう考え、あちらの人びとがああ考える。それが言葉にされる。人びとの意思が一致しないことが顕在化する。これが、権力のはたらかない場合の常態である。そのなかの誰かが、周りの人びとにはたらきかけ、合意を形成しようとするかもしれない。これは、影響力である。影響力は一時的で、不安定である。

意思が整合しない場合が、さきの(x)のように図示できるのだった。

命令と権力

権力は、人びとのあいだに、意思の整合をつくりだすはたらきである。

では権力はどのように、人びとの間に意思の整合をつくりだすのか。

＊

命令は、そのひとつの試みである。

命令とは、言葉を使って、あるひとがその意思を、相手に伝え、相手がそれに従って行動するように求めることである。(命令が穏やかな場合には、依頼や懇願になる。) 命令が従われるならば、意思の整合が実現する。

しかし、命令は、意思の整合をつねに実現するとは限らない。第一に、命令されても、相手は従わないかもしれない。第二に、相手は逆に、こちらに命令するかもしれない。誰が誰に命令するのか、命令すれば従うのか、がただの命令でははっきりしない。命令は、ただ特別の条件が満たされる場合に、意思の整合をつくりだすことができるにすぎない。つまり、命令は、意思の整合をつくりだすのに、必要でも十分でもない。命令は、権力のひとつのかたちだが、権力をうみだすわけではない。

意思の整合は予想できるか

社会のなかで、人びとはそれなりに、人びとの意思が整合していると予想して、行動している。どういう場合か。

第一に、言語を用いる場合。言語を成り立たせるルールは、私的なものではなく、人びとに分けもたれている。「イヌ」と言えば犬のことだ、「コップを取って」と言えばコップを取ってと頼んでいるのだ、とわかる。言語のルールには、誰もがそろって従っていると期待できる。人びとの意思は、整合している。人びとは必ずしも、そのことを意識しないとしても。

言語では、こうして意思の整合が保たれている。人びとは言語のルールに従っている。でも、そこに権力がはたらいていると考えなくてもよい。

言語を用いるほかにも、人びとはさまざまな言語ゲームを営んでいるだろう。人びとはそのルールに従っている(意思が整合している)と、予想できる。

貨幣でも意思が整合する

第二に、人びとの意思が整合すると予想できるのは、貨幣を用いる場合だ。

ある社会で、貨幣が流通している。貝殻でも銀貨でも、紙幣でもよい。あるひとAが貨幣を支払うと、別のひとBが貨幣を受け取る。それはなぜかと言うと、Bが別の誰かCにその貨幣を支払うと、Cがそれを受け取ると予想できるからである。……。

ほんとうにそうなるのか。誰かが受け取りを拒否しないか。心配すればきりがない。そもそも人びとの意思が整合していることは、出来事ではないので、観察できない。予想するしかない。でも実際には、誰もそんなことは気にしない。貨幣はふつうに、貨幣として機能し続ける。貨幣は貨幣だ。言葉を言葉として受け取るように、貨幣を貨幣として受け取る。それはルールとそっくりである。ならば、権力とはみえない。

貨幣が信用を失い、減価したり受け取りを拒否されたりすると、貨幣は、人びとのあいだに意思の整合を設定する、権力だったのだと、人びとは改めて思うかもしれない。

囚人のジレンマ

意思の整合が破れ、自明でなくなる場合を考えてみよう。権力のありさまを、裏側から照らしだすことができる。

とりあげるのは、「囚人のジレンマ」である。

＊

囚人のジレンマは、ゲーム理論の定番だ。

ゲーム理論は、二人のプレーヤーがそれぞれ意思決定を行なうさまを分析する。双方の意思決定の組み合わせにもとづいて社会状態が決まる。選択肢は2つなので、社会状態は2×2で4つ。プレーヤーはそれぞれ、その状態に対する評価をもっており、その評価(利得行列)のパターンによって、「囚人のジレンマ」「チキンゲーム」…などと名前がついている。(ゲーム理論は、言語ゲームの議論とはなんの関係もないので、念のため。)

囚人のジレンマの利得行列

		ギャングQ 黙秘	ギャングQ 自白
ギャングP	黙秘	2年，2年	20年，0年
	自白	0年，20年	10年，10年

(数字は，懲役年数)

強盗と市民の利得行列

		市民 金を出す	市民 出さない
強盗	撃たない	50，－10	0，10
	撃つ	10，－110	20，－100

囚人のジレンマとは、こんな状況だ。

二人組のギャング(PとQ)が犯罪を犯した。捕まって、別々の独房に入れられ、当局の取調べを受けている。取調べ側は言う。白状しろ。白状すれば、刑が軽くなる。だが、罪を認めないと、厳罰になるぞ。特に、相手が白状してお前が黙っている場合は、ひとりで罪をかぶることになる。

「囚人のジレンマ」ゲームの利得行列は、こんな具合だ。

PとQがどちらも黙秘していると、罪は大したことはない。二人にとって最善だ。だが相手が白状し自分だけ黙っていると、罪がうんと重くなる。それを避けようと思えば、白状するしかない。だが双方が白状してしまえば、双方が黙秘していた場合に比べて、罪はかなり重くなる。よくない結果だとわかっていても、PとQは意思疎通ができないので、この結果を避けることができない。これが、囚人のジレンマのキモである。

アメリカには司法取引きの制度がある。共犯のひとりが裁判に協力すれば、罪が軽くなる。それを下敷きにしたモデルである。

権力の予期理論

この状況を考える補助線として、宮台真司『権力の予期理論』（勁草書房）を参考にしよう。ゲーム理論の利得行列をもとに、権力を定義しているからである。

宮台真司『権力の予期理論』によると、権力の典型的な場合は、市民が強盗に襲われたケースである。金を出せ。強盗は市民に、ピストルを突きつけて脅している。市民は、（金を出す、金を出さない）のどちらかである。強盗は、（撃つ、撃たない）のどちらかである。市民がさきに行動を決め、そのあと強盗が行動を決める。2×2で、4通りの状態のどれかになる。

市民が金を出さないと、強盗は撃つ。市民は撃たれる。ひどいことになり、マイナス100。市民が金を出すと、強盗は撃たない。命は助かるが、金はとられるので、マイナス10。金も出さないし撃たれないのがいちばんよいが、そうはいかない。場合は4通りだが、実際に起こるのは、金を出さない×撃つ、か、金を出す×撃たない、かのどちらか(2通り)だ。

以上を整理すると、つぎのようになっている。

- 金を出さない×撃たない　：理想的状態(y)
- 金を出さない×撃つ　　　：実現回避状態(z)
- 金を出す×撃たない　　　：現実的最適状態(x)

(x、y、zは、『権力の予期理論』の利得行列での記号。)

市民にとって、理想的状態(y)がいちばん望ましい。が、そうはいかない。金を出さないと、実現回避状態(z)になってしまう。これはまずい。そこでやむなく、現実的最適状態(x)を選ぶ。理想的状態(y)をあきらめている。ほんとうはやりたくないことをやらされている。このような場合に、ひとは《権力を体験する》、あるいは、そこに《権力が存在する》のだ、という(『権力の予期理論』二一頁)。なるほど、と思わせる考え方だ。

『権力の予期理論』は、選択を迫る側/選択を迫られる側、の二者関係として、権力を考える点に特徴がある。権力論の古典と言ってよい仕事だ。ヴェーバーの権力の定義と平行してもいる。ただしヴェーバーの、「ある社会的関係」(sB)にあたる部分がなくなっている。

＊

先ほどの、「囚人のジレンマ」ゲームに話を戻そう。

「囚人のジレンマ」は二者関係である。そして、ほんとうはやりたくない選択をさせられている。

この点から言うと、強盗と市民の例と同じである。権力がはたらいたと考えてもよさそうだ。でも、ギャングは二人とも対等なので、強盗と市民の場合とは異なる。権力は二人のギャングのあいだで、双方向にはたらいたのだろうか。『権力の予期理論』では、「囚人のジレンマ」は周辺的な話題としてわずかに出てくるだけで、これが権力の事例にあたるのかどうかよくわからない。

ここでは、別なふうにこの状況を考えてみよう。

意思の整合が破れる

ギャングの二人はもともと、よく意思疎通ができていたはずだ。だから二人組で、犯行の相談がまとまった。ギャング組織のメンバーでもあったろう。ギャング組織には、組織を絶対に裏切ってはならない、裏切ればただではすまないぞ、などの掟があるはずだ。ギャング組織のメンバーは、意思が整合している。彼らは不断に、コミュニケーションをとっている。

さて、逮捕された二人組は、独房に隔離されて互いに連絡できなくなった。相手が白状し、自分だけ黙秘して重い刑になるかも、と気が気でない。刑を終えて出所したころには、ギャング組織はもうないかもしれない。組織の掟はもう意味がない。意思の整合が破れて、PもQもギャングの一員ではなく、自由な個人に戻ったのである。

*

権力の角度からこれをみればどうか。

権力は、捕まったギャングの二人（PとQ）にはたらいているというより、捕まる前のギャング組織にこそはたらいていた。ギャング組織には、意思の整合があり、掟があり、掟を破ったものに対する制裁もあった。そのメンバーだったPとQには、ギャング仲間としての相互信頼があった。捕まった結果、PとQは個人に戻り、自由になった。むしろ、権力から解き放たれたのである。

ゲーム理論をモデルに、局所的な権力のモデルをつくるのもよい。けれども、社会の広い範囲ではたらく権力のモデルをつくることのほうが、ずっと権力の本質に近づく道ではないかと思う。

想像のなかでの意思の整合

では、権力（人びとの意思を整合させるはたらき）がどのように、たとえばギャングの組織で、作用しているのかを考えてみよう。

＊

ギャング組織のメンバーは、仲間意識をもち、掟を守り、意思が整合している。そこには権力がはたらいて、ギャング組織はギャング組織を保っている。その実際はどうなっているのか。

まず、意思の整合は、出来事ではない。意思は目にみえない。よって、意思が整合していることを確認する方法がない。すなわち、意思の整合は、想定され、予想され、前提されているだけだ。

意思にもとづく行動のほうは、出来事であり、観察できる。意思が一致していなかったと、行動を通して判明することがある。けれども、意思が一致していることを出来事によって確かめる方法がない。意思の一致は、人びとの想像のなかにある。

これを、記号的に表してみよう。

＊

ギャング組織には、1、2、3、…、nの、N人のメンバーがいるとしよう。めいめいの意思を、(1)、(2)、(3)、…、(n)と書くことにしよう。彼らの意思が整合する(だいたい同じである)ことを、

(1)〜(2)〜(3)〜…〜(n)　(a)

と書くことができる。ただし、これは、人びとがめいめい頭で思い浮かべることができるだけで、確認はできない。人びとが想像し、整合していると理解しているだけだ。

そこで、めいめいのこの理解をそれぞれu(1)、u(2)、u(3)、…、u(n)と表すならば、

u(1)：u1((1)〜(2)〜(3)〜…〜(n))
u(2)：u2((1)〜(2)〜(3)〜…〜(n))
u(3)：u3((1)〜(2)〜(3)〜…〜(n))　(b)
…
u(n)：un((1)〜(2)〜(3)〜…〜(n))

のように書ける。

この(b)は、何を表すか。ギャング組織の人びとが、メンバーの意思が整合していると、めいめい

理解していることを表す。

この（b）は、出来事ではなく、想像である。よって、やはり、誰もそれを確認することはできない。めいめいがそのように想像し、理解しているだけだ。

＊

意思が整合しているとは、人びとのこの理解（u（1）、u（2）、u（3）、…、u（n））もまた、一致しているということではないだろうか。（さもなければ、ギャング組織のなかに、人びとの意思が一致していると理解しないメンバーが誰か、混じっていることになる。）　そこで、組織メンバーの、理解についての理解uu（1）、uu（2）、uu（3）、…、uu（n）を考えれば、

uu（1）：uu1（u（1）〜u（2）〜u（3）〜…〜u（n））
uu（2）：uu2（u（1）〜u（2）〜u（3）〜…〜u（n））
uu（3）：uu3（u（1）〜u（2）〜u（3）〜…〜u（n））　（c）
…
uu（n）：uun（u（1）〜u（2）〜u（3）〜…〜u（n））

のように書ける。

この、（a）→（b）→（c）→…のプロセスは、理屈から言えば、どこまでも進行していく。意思の一致は、確認できず、想像できるだけである。その想像がどこかで行き止まりになれば、それは、意思

の一致が想像さえできなかった、ということになるからだ。でも、いくら想像であっても、どこまでも進行することはできない。途中で「…」(以下同様)となって、あいまいなまま消えていく。偶数を並べよと言われて、「2、4、6、8、…(以下同様)」と答える場合のように。

理解の円環

このように意思の一致は、人びとの重なり合った想像のなかで、互いに繰り込まれ、めいめいに分けもたれている。これを、意思の一致についての「理解の円環」(the circle of understandings)といおう。理解の円環は、秩序ある社会を営む人びと誰もにたぶんそなわっている、基本的なメカニズムである。

理解の円環を、つぎのように図式化できる。

ある誰か(1とする)の理解は、(1)、u(1)、uu(1)、uuu(1)、…のように深まっていく。そして、これらの意思や、理解や、理解の理解や、理解の理解の理解や、…は整合していると理解する。これを記号的に表せば、

(1)～u(1)～uu(1)～uuu(1)～… (d)

となる。これを、u∞(1)と書こう。

これは、1だけでなく、2や3や…の人びとについても同様である。すなわち、

$$u\infty(1) : (1) \sim u(1) \sim uu(1) \sim uuu(1) \sim \cdots$$
$$u\infty(2) : (2) \sim u(2) \sim uu(2) \sim uuu(2) \sim \cdots$$
$$u\infty(3) : (3) \sim u(3) \sim uu(3) \sim uuu(3) \sim \cdots \qquad (e)$$
$$\vdots$$
$$u\infty(n) : (n) \sim u(n) \sim uu(n) \sim uuu(n) \sim \cdots$$

のように表すことができる。人びとはめいめい、理解の円環を抱いているのだ。

＊

理解の円環のなかでは、人びとの意思は整合している。

それでは、(d)が示すいくつもの理解の円環は、互いに一致しているものなのか。もしも一致しないのなら、人びとの意思の整合も、保証されないことになる。

そこで、人びとの理解の円環が一致していることを、u∞と表そう。すると、

$$u\infty : u\infty(1) \sim u\infty(2) \sim u\infty(3) \sim \cdots \sim u\infty(n) \qquad (f)$$

のように書ける。

これは、人びとの描く理解の円環が、社会全体で調和的に実現している、極限のかたちだ。もちろん誰も、人びとの理解や、理解の円環を、このように見通すことはできない。人びとは、理解や、理解

の理解や、理解の理解の理解の理解を重ねているうちに、このような理解の円環の極限の幻をみるのである。

権力が権力を生産する

権力は、人びとの意思に、どのようにはたらくのか。
つぎのような循環がある。
いっぽうで、人びとの意思が整合しているので、人びとはそれを理解する。

意思の整合　⇓　理解の円環　(Ⅰ)

もういっぽうで、人びとは人びとの意思が整合していると理解しているので、人びとの意思が整合する。

理解の円環　⇓　意思の整合　(Ⅱ)

これは、意思が整合しているので、意思が整合する、という循環である。権力のはたらきが、権力をつくりだすという、循環でもある。理解の円環を媒介にして。
権力は、みずからが権力であることを原因にして、権力をつくりだすという、自己再生産のメカニズムをそなえているのだ。

＊

このうち、(Ⅱ)のメカニズムの内実を、詳しくみよう。

ひとには意思がある。意思は、行為の源泉である。またひとは、知覚や理解や想像や、さまざまな精神活動を営む。それらは意思に影響する。

とりわけ理解の円環は、そのひとの意思に影響する。なぜならば理解の円環は、人びとが意思を整合させていることを、そのひとに理解させるから。人びとの意思は、ただ整合しているのではない。犠牲や献身や忍耐や愛情や、人びとのさまざまなコストによって成り立っている。それを理解したなら、ひとは自分の意思を、人びとの意思と整合するように変形させるかもしれない。囚人のジレンマではなく、走れメロスである。

このようにして、

理解の円環　⇓　意思の整合　(Ⅱ)

の方向に力がはたらく。それは、そのひとの頭のはたらきの内部で作用する、マイクロな力である。これが権力の作用の根本だ。権力はこのように、ひとの自由を制約して、意思の整合をつくりだす。(ただし人びとは、自分の自由が制約されていると、意識するとは限らない。)

権力は再生する

意思の整合は、それ自身は視えない。行為の整合としてあらわれる。行為が整合していないなら、意思が整合していないとわかる。ああ、権力のはたらきが損なわれているな、と。

権力は、たまたまあるとき人びとの意思が整合しないと、すぐ損なわれてしまうものなのか。たとえば、ギャング組織のメンバー誰かひとりが、掟を破っただけで。

これまで権力がはたらいて、人びとの意思を整合させてきた。その「慣性」が、人びとに残っている。人びとは、意思が整合していない事例がひとつやふたつあっても、理解の円環を取り消したりしない。それは、ルール違反があっても、ルールに従うのをやめないのと似たところがある。

権力は、意思を整合させる。意思が整合しない場合があっても、これまでの権力のはたらきによって整えられた理解の円環が、意思の整合を補修し、権力を再生させるのだ。

権力の制度

権力は、人びとの意思を整合させること、だった。

権力は、家族や血縁集団やギャングの組織といった小さな集団の範囲を越えて、任意にうみ出せるものなのか。

権力は、たまたま人びとの意思を整合させることができたとしても、すぐに崩れてしまうかもしれない。ヴェーバーの描いたカリスマがそうであったように。

人びとの意思が整合する場合には、整合していなかった場合には考えられなかった、大きなプラスが生じうる。そのプラスを活かして、人びとの意思の整合性を再生産できるとしたらどうか。その場合には、権力が安定してそこにはたらき続けるだろう。権力の制度である。

＊

広い範囲に拡がった人びとは、ばらばらに生活し、ばらばらな意思をもっている。そこに誰かがなんらかの仕方で、人びとの意思を整合させることができれば、それまでになかったプラスがうまれるかもしれない。たとえば、協働の可能性。たとえば、人数が増えることによる安全保障。たとえば交易による日常生活の充実。…。

古代や中世に、世界の各地で営まれた社会は、それぞれ特徴的な権力の制度を生み出した。それを比較し、類型に整理した早い時期の仕事は、ヴェーバーの比較社会学である。実際の各地の権力の制度は、多様である。多様でありすぎ、実証を重ねれば重ねるほど、ヴェーバーの仕事のような簡明な見通しをえにくくなっている。

権力の再生産

権力の制度は、地域により時代によって、さまざまである。

権力の制度はかならず、権力を再生産している。人びとの意思を、整合させ続ける。そのメカニズムは、どのようなものでありうるだろうか。

＊

ひとつは、権力の効果（アウトプット）を、権力の前提に繰り込む場合。

（a） 権力の制度（t） ↓ 権力 ↓ 意思が整合する ↓ 権力が効果をうむ

（b） 権力が効果をうむ ↓ プラス ↓ 権力の制度（t＋1）

（a）は（b）を可能にし、（b）は（a）を可能にする。すなわち、（a）⇓（b）で、（b）⇓（a）。中間の（b）を省略すれば、（a）⇓（a）。つまり、権力はみずからを再生産する。

ここで権力の制度が「王に服従するゲーム」、権力の効果が「税を納めるゲーム」だとすれば、すでに議論したことと同じである。権力の効果である税を、王に服従する臣下らに分配して、権力の制度を維持できる。

*

もうひとつは、いくつもの権力の制度が抗争する場合である。

権力の制度は一般に、いくつも存在する。それらは互いに抗争しながら、消長を繰り返していく。

図式的に示すなら、たとえば、

（c） （★●●…●） ●○●●○●○○●○○…

（d） （★●●…●）（★●●…●） ●○●●○●○○●○○…

（e） （★●●…●（★●●…●）） ●○●●○●○○●○○…

（f） （★●●…● ●●●…●） ●○●●○●○○●○○…

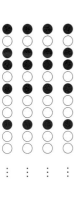

のようである。（言うまでもないが、★は王を、●●…●は服従する臣下を、（★●●…●）は王に服従するゲームを、●○●●○●○○●○○　…は、必ずしも意思が整合しない人びと一般を、表わす。）

王は、ひとりでなく、何人いてもいい。（c）は、王のいる社会ゲーム。そこへ王がもうひとり現れた（d）。片方の王が王であるまま、もう片方の王に服従した（e）。その関係が進むと、臣下はただひとりの王に服従する状態になる（f）。これは、（c）と同じだ。よって、（c）⇒（d）⇒（e）⇒（f）（＝（c））の循環が成立する。

（e）は、領主が上級の領主に服属する、封建制のような状態を示している。家産官僚制にも相当する。（e）は、（f）に移行せず、（e）のまま安定する場合もある。

＊

王は、服従する人びとをどんどん増やして、社会全体をのみ込んでしまうことができるか。できないだろう。王に服従する人びとの人数には、上限がある。王に服従するゲームを支えるには、十分な人数の、税を納める人びとが必要である。

命令と法

王は、臣下に命令を与える。王は、一般の人びとに命令を与える。

王には、命令を与える権限がある。臣下には、王に服従する義務がある。一般の人びとは、王の命令を実行する義務がある。

王の新しい命令は、前の命令を取り消すことができるか。できると考えなければならない。王は、無条件で、人びとに自分の意思を命じることができる存在だからだ。王がその権能をもつから、人びとのあいだに意思の整合性をもたらすことができる。

けれども、王がつぎつぎ新しい命令を出し、そのたびに前に出した命令の効力がなくなると、人びとは王の命令の効力を疑い始めるかもしれない。命令は頻繁に変わらず、安定していることが望ましい。

＊

王の安定した命令は、法である。法は、文書のかたちで布告される。広く配布され、繰り返し参照される。

法が長く法であり続けるうち、法は、王の命令であるからではなしに、法が法であるから効力がある、と信じられるようになるかもしれない。王も勝手に変更できない。こうした法は、王の意思ではなく、その社会のルールに近づいてくる。

法は、言語ゲームのルールが人びとのあいだに意思の整合性をつくりだすように、意思の整合性をつくりだす。ただしその範囲は、コミュニティをまたがり、王の統治の及ぶ範囲なので、広い。

権力の歴史

古代から中世をへて今に至るまで、さまざまな権力の制度がうまれては消え、交替していった。

なぜいつの時代にも権力の制度がうまれるのか。それは、人びとの意思が整合していないため。人びとの意思が整合することに合理性と利益があるからである。

なぜ、人びとの意思が整合していないのか。それは、コミュニティ(人びとが身近に営む言語ゲームの範囲)がサイズが小さいのに対して、人びとの交流の範囲(移動の範囲、交渉の範囲、交易の範囲、情報伝達の範囲、武力衝突の範囲、文化の伝播の範囲、…)がずっと広いからである。同じ言語ゲームに属していない人びとは、他者である。他者は、考え方や行動が予測できない。

＊

なぜ、権力の制度は安定せず、消えたり交替したりするのか。

それは、権力の制度が、広範囲の人びとのあいだに、十分な意思の整合性をうみだすのではなく、大部分の不整合はそのままだからである。権力の制度に加わる人びとと、それ以外の人びとのあいだに不整合(利害の対立)がある。あるコミュニティの人びとと別なコミュニティの人びとのあいだに不整合(利害の対立)がある。人びとのあいだに、よりよい意思の整合性をうみだす試み(新しい権力の制度)が現れると、以前の制度は消え去るしかない。

権力の制度は、人びとの目に視える。王がいる。臣下がいる。将軍や兵士がいる。城砦がある。税も払っている。人びとは、権力があると思う。権力の概念をもつ。そして、権力についての批判的意識(この王はよい、あの王は悪い、など)をもつ。

＊

こうして歴史の針が進むうち、耕地は拡大し、人口は増え、技術は発展し、交流は緊密になり、人びとは豊かになって、権力の制度も法律も複雑になった。人びとのあいだに、より踏み込んだ意思の整合性を実現する可能性が開けてきた。

これが、王のいる社会の進化形である。近代の入り口である。

よい権力

権力の概念は、両義的だ。

いっぽうで、権力はよくないものである。人びとは経験を通じて、そのことを学ぶ。権力は、強制力である。また、ふつうの人間にはできないこと(たとえば、人間の生命を奪うこと)を、権力はためらわない。そして、残念ながら、権力はなくてはすまないものである。

もういっぽうで、人びとは、よりよい権力があるのではないかとも思う。人びとの生活を支える権力。自分たちの自由を圧迫しない権力。

＊

権力の制度がない状態(x)に、権力の制度(王に服従するゲーム)がうまれ、王のいる社会ゲーム(y)に移行した。それがさらに、契約と法によって、人びとの自由を最大限に尊重する、王のいない社会ゲーム(z)に、さらに移行した。こういうモデルを、先にのべた。

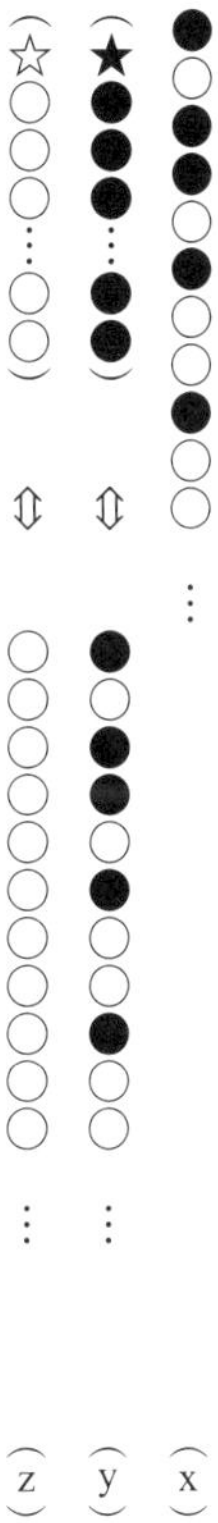

そして、（y）を黒い権力、（z）を白い権力、とよんだ。（y）には権力者がいて、（z）には権力者がいないからである。

＊

さて、白い権力は権力なのか。

フーコーは『監視と刑罰』の冒頭で、犯罪者ダミアンが車裂きで死刑に処せられる様子を紹介している。処刑は見せ物で、広場で公開で行なわれる。犯罪者がむごい暴力によってこれ見よがしに処罰されることで、王の権力を人びとに印象づける。権力の制度がそのような段階にあったことの証拠である。

王は権力者である。読者は、自分がダミアンだったら、どう感じるだろうか。自分が処刑されるのは、王に処刑されるのだ。権力が自分の生命を奪うのだと、ありありと実感しないだろうか。

＊

いっぽう、任意の民主主義国で死刑が執行されるところを考えよう。（いくつかの国では死刑制度が廃止された。でも、日本やアメリカの多くの州では、死刑はまだ実施されている。）

自分は死刑判決が確定し、拘置所に収監されている。ある日、執行の日がやってくる。屈強の刑務官らが、独房の扉を開ける。たとえ抵抗しても、組み伏せられるだけだろう。刑場に移動する。教誨師と言葉をかわし、言い残すことはないか聞かれ、後ろ手に手錠をかけられ目隠しをされ、首に縄をかけられる。足元の蓋が開くと身体は宙づりになり、一〇分程度で死亡が確認される。足元の蓋を開

ける五つのボタンを押すのは、五人の刑務官だ。そのうちひとつのボタンだけが、蓋とつながってい
る。

死刑に関わる人びとは、任務でそれをやっている。やりたくてやっているのではない。死刑になる当人に、なんの感情も抱いていない。執行命令書に署名した法務大臣も、判決を下した裁判官も、死刑を求刑した検察官も、誰ひとり権力者ではない。誠実に冷たく、法に従っただけだ。死刑になる自分は、国会で成立した刑法の定めにより、刑に処せられる。それはわかる。だが言いたい。ダミアンの場合とどこが違うのか！　この動いている心臓が、執行のあとは停まってしまう。身体はしばらく痙攣し、動かなくなる。自分の意思とまったく関係なしに。これが権力でなくてなんだろう。

白い権力も、権力である。

権力者がいなくても、権力は権力である。それは、人びとの意思を整合させる。そして刑を執行するのだから。

*

悪い権力はある。正義を重んじない。人権を重んじない。自由を重んじない。法に従わない。権力者が恣意的に、人びとの生活を破壊する。正しい人間を罪に落とす。

よい権力はある。正義を重んじる。人権を重んじる。自由を重んじる。法に従う。権限を恣意的に用いる者はいない。正しい人間が罪に落とされたりすることが（ほとんど）ない。

王が、自分はよい王になろうと心がけ、自制することはありうる。実際、よい王になることはあるかもしれない。けれども、王がよい王である保証は、王自身にしかない。よい王が悪い王になってし

まう例にはことかかない。

＊

民主主義は、よい権力であることを目的にしている。憲法(契約)をいただき、憲法に人権をうたい、憲法のもとに多くの法律を擁し、選挙で公職の担当者を選び、誰もが法によって職務を執行する。

よい権力は、正しい権力である。長い歴史を経て、権力の制度は、民主主義にたどり着いた。このあと、もっとよい、もっと正しい権力の制度がうみ出されるのかもしれない。それはわからない。けれども、それが生まれるまでのあいだ、民主主義は、もっとも「まし」な制度である。人びとが、コミットする価値のある制度である。

意思の不整合と権力の制度

よい権力であろうと悪い権力であろうと、正しい権力であろうと正しくない権力であろうと、社会には権力がそなわっている。

それはなぜか。

人びとが、自分ごとの意思をもっていて、はじめから整合していないからである。

人びとの意思が整合することには、利益がある。だから社会には、人びとの意思を整合させるはたらきがそなわっている。それが権力だ。

＊

権力はしばしば、ルールと混同されてきた。

ある言語ゲームの、ルールに従う人びとは、ふるまいが一致する。ふるまいが一致するのだから、人びとの意思も整合している。そしてこの一致は、人びとがルールを「理解」することにもとづく。権力がはたらくわけではない。あるいは、このレヴェルの人びとの意思の一致を、権力という必要はない。

たとえば、同じ言語を話す人びとは、言葉の意味や文法を共有している。だから互いの言うことが理解できる。その限りで互いに一致している。でもその結果、考え方が違って言い争いになるかもしれない。言い争いができているのは、ルールが一致し意味を理解しているから。でもその一致と別な次元で、両者は対立している。つまり、意思が「整合」していない。

＊

このように、人びとの意思は、一般に整合しない。その人びとは、同じルールに従っているかもしれない。言葉を話す言語ゲーム。所有権の言語ゲーム。命が大事であるという言語ゲーム。……。にもかかわらず、人びとのあいでには意思の不整合があるだろう。

その不整合（紛争）を取り除くには、どうするか。たとえば、不整合（紛争）を解決するにはこういう手続き（仲裁や裁判）を踏む、という決まりがあればよい。意思の不整合を取り除くためのルールである。これは、ハートのいう、裁定の二次ルールである。

あるいは、たとえば、これらの人びとが異なった意思をもっている場合、こういう手続き（議会や投票）によって結論をだし、人びとはそれに従う、という決まりがあればよい。最終的には、特定の誰か(王)の決定に従う、という決まりでもよい。

これらの決まりは、社会ゲームに関する二次ルールであろう。二次ルールを実行するには、コストがかかる。二次ルールを担うのが、権力の制度である。そのコストは、税として集められる。こうして、社会ゲームの抱えるさまざまな意思の不整合から、権力の制度が不断にうみだされるのだ。

社会と権力

権力ははじめ、目立たなかった。あるいは、存在しなかった。

人びとは身近なコミュニティで暮らし、外部との接触もあまり持たなかった。人びとの意思を整合するには、言語ゲームがあればよかった。人びとはルールに従った。それ以外に生き方を知らなかった。人びとのあいだには、日常のさまざまな意思の不整合があったろうが、それは解決を要する問題ではなかった。意思が整合しないままでよいのなら、人びとは誰もが、自分の意思のままでいてよいのだ。他者の意思が妨げとなるだけだ。殺人のような出来事が起こったとしても、コミュニティから追放すれば十分である。それ以上の権力を必要としない。コミュニティとコミュニティは、慣習で結ばれている。慣習は、人びとの意思を整合させる。けれども、誰かの意思を人びとに押し付けて整合させる、のではない。

＊

やがて、権力の制度がうまれる。権力の制度は、コミュニティを超えた広い範囲で、人びとの意思を整合させる。これは、慣習ではなく、その都度の王の命令である。

命令は、言葉で伝達されなければならない。使者が赴かなければならない。軍隊も移動可能でなければならない。言語の到達範囲、物資の到達範囲、人間の到達範囲が空間的に拡大していく。踏み分け道が街道に拡幅され、広大な農地が開墾され、集落が都市に再生され、暦や住民台帳や地図や税制や…、広域に住む人びとを上空からとらえる視線がうまれる。

それまで関わりの薄かった人びとのあいだに、人間や物資や情報の行き来が深まっていく。それまで人びとは、互いに意思が不整合であることすら気がつかず、遠く離れた星雲のように、薄闇のなかに互いに無関係に暮らしていた。その薄闇を払いのけるように、新しい交流の可能性が、遠く離れた人びとを関係づける。こうして社会の霧が晴れ上がっていくのにともない、言語と権力は、人びとのあいだをどこまでも直進できるようになる。言語と権力は、遠隔に到達する作用として、社会を再組織しはじめる。

言語は、文字に書かれることで、時間や空間を隔てた遠方に、確実に到達する。言語を通して、人びとが関係づけられる。人びとのあいだを言語が到達する可能性と、人びとのあいだを権力が到達する可能性は、並行して強まっていく。

性／言語／権力

このように発展してきた社会を、その原理から考察するには、どうすればよいか。

人びとの身体と身体のあいだにはたらく作用に、注目することだ。

それは、性／言語／権力、である。

そのそれぞれの、作用の特性を、おさらいしておく。

＊

性は、身体と身体との直接の相互作用。よって、その到達距離は至近である。この理由で、性は、コミュニティ（共住集団）を形成する基礎となる。

言語は、身体によって発せられ身体によって受け止められる。言語は形式であって、意味を担う。そのため、身体と身体のつながりが間接的になっている。誰かの身体が発した意味をともなった形式が、別な誰かの身体に到達するのだ。

言語はこうして、いくつもの身体を経由して、遠隔に達することができる。伝聞や伝承がそうである。言語の到達距離は、性よりも遠い。

＊

社会空間（身体の集合）で、人びとの意思を整合させるような作用がはたらけば、それは権力である。権力は、いくつもの身体が散在しているとき、それぞれの身体にそなわるめいめいの意思が整合するはたらきである。意思が整合すれば、協働が可能になる。協働はさらに、意思の整合を協働の外側に拡大するかもしれない。

権力はこのように、もともと複数の身体のうえでの集合的な現象である。誰かが誰かに影響を与える、影響力とは異なる。また、ヴェーバーがそうしたような、二者関係において定義すべき概念でもない。ゲーム理論で定式化すべきものでもない。権力は、人びとの意思の整合性に沿って、特定の指令を伝えることができる。それは、権力者の意思を起点とすることもあれば、誰の意思をも起点としない場合もある。

＊

社会には、権力の作用がもともとそなわっている。

それは異常なことでも、病的なことでも、例外的なことでもない。

社会から権力をなしにすることはできない。

社会はあるとき、権力が、権力の制度として結晶してもおかしくない空間である。

権力はなくせるし、権力はなくすべきだと、反権力の運動を組織してはいけない空間でもある。

権力を忌避して、権力について考えるのを怠ることが許されない空間でもある。

権力は、社会学にとって、通り抜けなければならない最初の関門だ。

＊

言語は、意味を伝える。権力は、意思を伝える。両者は並行するとしても、別々の異なったはたらき（作用）である。

＊

以上の前提に立てば、どのような社会学のプランを描くことができるだろうか。

社会学のプラン

社会学を、自然科学に似せすぎてはならない。社会は、自然現象には解消されないからである。社会は、それ独自の、人びとの身体と身体を結びつける作用のうえに、構成されている。

社会学を、システム論をモデルに構成しないほうがよい。システム論は、多変数の相互関係として対象を扱う一般理論である。社会を社会システムとして考察する利点は多少なりとあるものの、社会という現象の独自性を取り出すのに、システムの概念は有益でない。

社会学を、政治や経済や法律や組織や集団や都市や地域や教育や…の、経験知の束として構成することはできない。それは、人間と社会の一般性を踏まえることができず、理論の名に値しない。

＊

社会学を、性と言語と権力の作用のうえに、その複合として組み立ててみよう。

これまでの社会学は、社会がどういう相互作用でできているのか、はっきり理解していなかった。ものごとを抽象する思索の力が弱かった。社会学の外側で、どういう重要な議論がなされているか、目配りがなかった。とりわけ、言語が、人間と社会に対してどれだけ決定的な現象であるのか、洞察した社会学者はいなかった。社会学のモデルの基本は、言語(あるいは、言語ゲーム)でなければならない。

その言語と、異なる作用として、性と権力がある。性/言語/権力。この三つは独立の作用であって、社会を社会たらしめる基本的なはたらきだ。

＊

この三つの基本的な作用のうえに、社会は無理なく無駄なく説明されるであろう。

それを具体的にのべるのは、これからの課題である。

あとがき

『権力』はずっと、書きたいと思ってきた書物、書かなければならないと思い続けてきた書物である。本書を今回刊行することができて、とても嬉しい。

＊

私の社会学の構想は、一九七〇年代の終わりには、大枠がだいたい出来あがっていた。社会は、身体の集まりである。その身体のあいだを、言語、性、権力の三つの作用が結んでいる。そうして張られる空間が、社会である。その当時の草稿は、『橋爪大三郎コレクション・身体論』『橋爪大三郎コレクション・性空間論』『橋爪大三郎コレクション・制度論』（いずれも勁草書房、一九九三年）で読むことができる。そこに収められなかった草稿は、「オフィス橋爪」のウェブページ（https://www.officehashizume.net/）の「頒布会」をクリックするとｐｄｆで読むことができる。

このうち権力が、いちばん扱いにくかった。権力の作用をどのように定式化するか、いろいろ模索を重ねた。数学的な表現を与えたいとか、状況意味論が使えるかもとか、いろいろやってみた。そうした試行錯誤の途中経過を、『言語派社会学の原理』（洋泉社、二〇〇〇年）でみることができる。

＊

『権力』は何回も、草稿を書き始めては仕切り直し、を繰り返した。

今回の原稿に直接結びつく草稿は、二〇一四年ごろから手書きで書きためていた。ある程度まとまったので、二〇一七年一一月にいつも使っているOASYS（富士通の親指シフトのワープロソフト）に入力し、二〇二一年四月→二〇二一年一一月→二〇二二年五月と手を入れたものをもとに、二〇二二年九月に頭から書き直して行った。結果的に、まるで新しい原稿となり、もとの手書きの草稿とまるで違ったものになった。書き終わってみれば、昔に予想していたより、ずっと素直でシンプルな議論になった。多くの人びとに共有してもらうには、これでよかったのだと思う。

こんなことなら、なぜ最初から素直に考えなかったのか、と誰だって思う。それができるようなら、苦労はいらない。ともかく、人びとにたたき台にしてもらえそうな権力の理論を、提供することができて安堵している。

＊

言語については、『言語ゲームと社会理論』（勁草書房、一九八五年）がまとまっている。

性については、『性愛論』（岩波書店、一九九五年→河出文庫、二〇一七年）がまとまっている。参照いただきたい。権力については、本書がまとまっている。以上を束ねた原稿は、改めて用意したいと思っている。

＊

こんな原稿ができたんですけど、と岩波書店の編集者に相談した。『性愛論』が岩波書店から出ているし、ちょうどよいのでは。編集部の田中朋子氏に、担当いただくことになった。適切なコメントをいただき、改善の提案もいただき、原稿が読みやすくなった。校閲の皆さんにもほんとうにお世話になった。ありがたいことである。感謝したい。

最初の構想から考えれば、四〇年かかって、やっと宿題を果たすことができたような気がする。その昔、社会学を志す人びとは、みな理論を目指した。やりがいのある冒険だった。大学院や言語研究会や小室ゼミや、そのほかさまざまな機会に議論した多くの仲間たち。いちいちお名前をあげないが、この場を借りて感謝したい。

時代は移り、理論をやろうという人びとが少なくなったという。残念である。本書がなにかのきっかけとなって、理論で暴れ回ろうという人びとがまた現れるのなら嬉しい。

二〇二三年一月

著者識

参考文献

Austin, John L.　1962　*How To Do Things With Words*, Oxford University Press　＝一九七八　坂本百大訳『言語と行為』大修館書店

Foucault, Michel　1963　*Naissance de la clinique: une archéologie du regard médical*, Presses universitaires de France　＝一九六九　神谷美恵子訳『臨床医学の誕生』みすず書房

Foucault, Michel　1966　*Les mots et les choses: une archéologie des sciences humaines*, Gallimard　＝一九七四　渡辺一民・佐々木明訳『言葉と物——人文科学の考古学』新潮社

Foucault, Michel　1969　*L'Archéologie du savoir*, Gallimard　＝二〇一二　慎改康之訳『知の考古学』河出文庫

Foucault, Michel　1975　*Surveiller et Punir: Naissance de la prison*, Gallimard　＝一九七七　田村俶訳『監獄の誕生——監視と処罰』新潮社

Foucault, Michel　1976　*L'Histoire de la sexualité I: La volonté de savoir*, Gallimard　＝一九八六　渡辺守章訳『性の歴史Ⅰ　知への意志』新潮社

Hart, H. L. A.　1961　*The Concept of Law*, Oxford University Press　＝一九七六　矢崎光圀訳『法の概念』みすず書房

橋本　努　二〇一一　『自由原理——来るべき福祉国家の理念』岩波書店

橋爪大三郎　一九八五　『言語ゲームと社会理論——ヴィトゲンシュタイン・ハート・ルーマン』勁草書房

橋爪大三郎　一九八六　「フーコーの微分幾何学」『仏教の言説戦略』二八—六一

橋爪大三郎　一九八六　『仏教の言説戦略』勁草書房　→二〇一三　サンガ文庫

橋爪大三郎　一九九五　『性愛論』岩波書店　→二〇一七　河出文庫

橋爪大三郎　一九九六　「権力の可能条件」井上俊他編『権力と支配の社会学』（現代社会学16）一—二一、岩波書店

橋爪大三郎　二〇〇〇　『言語派社会学の原理』洋泉社

橋爪大三郎　二〇〇九　『はじめての言語ゲーム』講談社現代新書

橋爪大三郎　二〇一八　『政治の哲学――自由と幸福のための11講』ちくま新書
橋爪大三郎　二〇二二　『アメリカの教会――「キリスト教国家」の歴史と本質』光文社新書
橋爪大三郎　二〇二二　『言語ゲームの練習問題』講談社現代新書
Hobbes, Thomas　1651　*Leviathan*　→1904　Cambridge University Press　＝一九五四、六四、八二、八五　水田洋訳
『リヴァイアサン（1）～（4）』岩波文庫
小室　直樹　二〇〇一　『痛快！　憲法学』集英社インターナショナル　→二〇〇六　改題改版『日本人のための
憲法原論』集英社インターナショナル
Luhmann, Niklas　1975　*Macht*, Ferdinand Enke Verlag　＝一九八六　長岡克行訳『権力』勁草書房
Marx, Karl　1844　*Ökonomisch-philosophische Manuskripte aus dem Jahre 1844*　＝一九六四　城塚登・田中吉六
訳『経済学・哲学草稿』岩波文庫
Marx, Karl　1845–1846　*Die deutsche Ideologie*　＝一九七四　廣松渉訳『ドイツ・イデオロギー』河出書房新社　→
二〇〇二　廣松渉編訳、小林昌人補訳『新編輯版　ドイツ・イデオロギー』岩波文庫
宮台　真司　一九八九　『権力の予期理論――了解を媒介にした作動形式』勁草書房
大澤　真幸　一九九〇　『身体の比較社会学Ⅰ』勁草書房
Parsons, Talcott　1951　*The Social System*, The Free Press　＝一九七四　佐藤勉訳『社会体系論』青木書店
佐伯　胖　一九八〇　『「きめ方」の論理』東京大学出版会　→二〇一八　ちくま学芸文庫
Schmitt, Carl　1938　*Der Leviathan in der Staatslehre des Thomas Hobbes: Sinn und Fehlschlag eines politischen Symbols*, Hamburg: Hanseatische Verlagsanstalt　＝一九七二　長尾龍一訳『リヴァイアサン
――近代国家の生成と挫折』福村出版
Searle, John R.　1969　*Speech Act: An Essay in the Philosophy of Language*, Cambridge University Press　＝一九八六
坂本百大・土屋俊訳『言語行為』勁草書房
盛山　和夫　一九九五　『制度論の構図』創文社
盛山　和夫　二〇〇〇　『権力』（社会科学の理論とモデル3）東京大学出版会
数土　直紀　二〇〇〇　『自由の社会理論』多賀出版

内田　隆三　一九八七『消費社会と権力』岩波書店
Weber, Max　1919–1920　*Wirtschaft und Gesellschaft. Soziologie, Unvollendet 1919–1920*, Max Weber Gesamtausgabe,
Band 23, J. C. B. Mohr (Paul Siebeck) Tübingen, 2013
Wittgenstein, Ludwig　1997　*Philosophical Investigations*, transl. by G. E. M. Anscombe, Balckwell（独英対照版）＝二
〇一〇　鬼界彰夫訳『哲学探究』講談社
吉本　隆明　一九六八『共同幻想論』河出書房新社　→一九八二『改訂新版　共同幻想論』角川ソフィア文庫

橋爪大三郎
1948年生まれ．社会学者．大学院大学至善館教授．東京工業大学名誉教授．東京大学大学院社会学研究科博士課程単位取得退学．主な著書に『性愛論』(岩波書店，のち河出文庫)，『言語ゲームと社会理論』(勁草書房)，『言語派社会学の原理』(洋泉社)，『丸山眞男の憂鬱』『小林秀雄の悲哀』(ともに講談社選書メチエ)，『皇国日本とアメリカ大権』(筑摩選書)，『世界がわかる宗教社会学入門』(ちくま文庫)，『橋爪大三郎コレクション』(全3巻，勁草書房)など多数．

権力

2023年4月12日　第1刷発行
2023年5月15日　第2刷発行

著　者　橋爪大三郎《はしづめだいさぶろう》

発行者　坂本政謙

発行所　株式会社 岩波書店
〒101-8002 東京都千代田区一ツ橋2-5-5
電話案内 03-5210-4000
https://www.iwanami.co.jp/

印刷・三陽社　カバー・半七印刷　製本・松岳社

ISBN 978-4-00-061591-4　Printed in Japan